大学英语
教学多维探究

谢恬恬　张雯昕　高翠峰◎主编

四川科学技术出版社

图书在版编目（CIP）数据

大学英语教学多维探究 / 谢恬恬，张雯昕，高翠峰
主编 . -- 成都：四川科学技术出版社，2024. 7.
　　ISBN 978-7-5727-1420-7

Ⅰ . H319.3

中国国家版本馆 CIP 数据核字第 20240C7Z43 号

大学英语教学多维探究
DAXUE YINGYU JIAOXUE DUOWEI TANJIU

主　编	谢恬恬　张雯昕　高翠峰
出 品 人	程佳月
责任编辑	陈　丽
助理编辑	魏语鄢
选题策划	鄢孟君
封面设计	星辰创意
责任出版	欧晓春
出版发行	四川科学技术出版社

　　　　　　成都市锦江区三色路 238 号 邮政编码 610023

　　　　　　官方微博 http://weibo.com/sckjcbs

　　　　　　官方微信公众号 sckjcbs

　　　　　　传真 028-86361756

成品尺寸	170 mm×240 mm
印　张	9
字　数	180 千
印　刷	三河市嵩川印刷有限公司
版　次	2024 年 7 月第 1 版
印　次	2024 年 7 月第 1 次印刷
定　价	58.00 元

ISBN 978-7-5727-1420-7

　　邮　购：成都市锦江区三色路 238 号新华之星 A 座 25 层　邮政编码：610023

　　电　话：028-86361770

编委会

主　编　谢恬恬　张雯昕　高翠峰

副主编　但从荣

编　委　谢恬恬　张雯昕　高翠峰

　　　　但从荣　王　丹　杜红荣

前　言

作为国际第一通用语言,英语是重要的交流工具。如何有效地开展英语教学实践活动,是当今英语教育工作者必须思考的问题。对现有理论的应用,以及对教育实践过程的归纳与总结,都可以在一定程度上丰富教师自身的教学方法。目前,我国大学英语教学的常用方法很多。在大学英语教学过程中,培养学生问题意识已成为教学的核心工作,这也使英语的教学从最早以教师为主体,逐渐过渡为以学生为主体。

教学成果没有最好,只有更好。为了取得更好的教学成果,教师们需要创建更丰富的学习情景,设计更多样的活动,创造新的体验,探究新的可能性。在追求更好的过程中,也伴随着前所未有的挑战。敬业的教师们需要投入时间和精力,去思考如何提升自己,如何更好地帮助学生学习。

大学英语教学作为高等教育的一个重要组成部分,其质量的高低与整个大学生的培养质量密切相关。如何适应我国高等教育发展的新形势,提高大学英语教学质量,满足新时期国家和社会对人才培养的需要,是摆在大学英语教师面前的一个重要课题。大学英语教学的质量取决于教学理念的先进与否、有效与否,而多维互动式教学这一极具特色的教学模式既能够满足师生之间的互动,又能够使学生配合教师构建知识体系。本书从大学英语教学的基本理论入手,从英语口语教学、英语翻译教学、英语写作教学和英语阅读教学等方面来介绍相关的多维教学方式。本书通俗易懂,条理清晰,可供一线教师使用,也可为社会相关研究者提供参考。

目 录

第一章　大学英语教学的基本理论

第一节　大学英语教学的目标

一、培养跨文化交流能力

随着新教学大纲（试行）的颁布和英语教学改革的深入，培养学生交际能力这一教学目标越来越受到广大教育者的重视。在英语教学实践中不难发现，尽管教师在培养学生听、说、读、写等言语技能方面花费了大量心血，但教学效果并不明显。通过分析，就会发现围绕"听、说、读、写"等言语技能训练所编的教材及所采用的教学方法存在一定问题。严格地说，目前大学英语教学还没有突破语言知识的掌握和言语技巧训练的框架，学生所学到的仅仅是表面的知识。

在英语教学中，仅仅重视言语技能的训练是不够的，还必须注重交际能力的培养。通过现实可以发现，交际水平的产生不是靠日常语言能力的锻炼就能达到的，交际水平的高低不仅和学生的语言能力有关，也和社会文化水平、学生对语境的适应情况以及实践技巧息息相关；所以教师不仅要向学生教授相关的语言知识、开展语言技能活动，还要加强学生在跨文化交流活动中语言水平和语言使用技巧等的专门培养和训练，以提高学生在特定的社会文化情境中的跨文化交流能力。

英语教学的意义就是为文化间的交流打下坚实的基础。首先，学生要熟悉英语文化，然后将自己所掌握的知识在一定的环境中进行转变，同时，还要坚决地、主动地学习好本国文化的相关内容，并能熟练掌握、灵活运用。应该注意到，英语和汉语之间的差别是很大的，所以学生在进行英语学习时会面临文化转变所带来的难题。为了解决这些难题，教师在开展英语教学时就一定要加强文化方面的教学，即在教学过程中，相应地进行英语相关语言历史背景的教学。站在英语教学的立场来看，要想达到英语教学的最终目的，先要将语言知识以及言语技能等教授给学生，然而要想达成这个目标，要加强学生不同文化之间的交际能力。

二、帮助学生理解英语

"教师使学生理解英语"这一目标伴随着一个使能过程。理解英语，就不仅仅是使学生掌握技能和学习本领，而是使学生主动思考、理解、内化语言知识。学生的学习过程不仅仅是一个行为过程，更是一个心理过程，教学的中心仍然是学生。在这个过程中，学生是教学的中心，是关键的参与者，而教师只是帮助者和使能者。

语言学习方法主要可以分为两大类：外显学习和内隐学习。外显学习是一种有意识、有计划、有目标的学习方法，它强调学生通过反复练习、记忆、模仿等方式来学习语言。这种方法注重语言的规则和形式，学生需要主动地控制和调节自己的学习过程，不断地进行纠正和改进。例如，通过背单词、语法练习、阅读练习等方式来学习英语。内隐学习则是一种无意识、无计划、无目标的学习方法，它强调学生在自然语言环境中通过大量的语言接触和运用来学习语言。这种方法注重语言的流利性和自然性，学生在不知不觉中习得语言知识和技能，不需要刻意地进行纠正和改进。例如，通过与外国人交流、听英语歌曲、看英语电影等方式来提高英语水平。

三、帮助学生学会英语

教师是实施者，可以采用各种各样的方法来帮助学生学习英语，例如，教师可使用多元化的创新技巧、利用电子设备来帮助学生学习。

在实现"帮助学生学会英语"这一目标的过程中，教师的首要任务就是指导和帮助学生，教师应通过让学生自己学、让学生主动地思考学什么和达到什么目标，使学生学会英语。

四、给学生传授语言知识

"给学生传授语言知识"这一教学目标的实现过程是一个物质交流过

程。教师通常要教给学生"好的"英语，如标准英语、文学英语等。教学的重点是语言，实施者是教师，而学生是这一教学活动的受益者。教学的具体内容是教给学生认为是"好的"或者是"美的"英语，使学生学会标准的英语、体会高雅的英语。教师的快乐在于使学生懂得自己在课堂上所教授的内容，并且欣赏自己的教学内容和课堂表现。

五、学生的英语技能训练

教师不仅要传授学生语言知识，还要培养学生的语言技能。英语是一门实践性很强的学科。学习英语是一个"听、说、读、写"的操练和语言信息输入输出的实践过程，因此，教师必须把学生置于运用语言的活动中去感知、分析、理解、操练，从模拟交际到真实交际，以期学生能真正掌握英语。所有这一切都有赖于教师能否充分发挥学生的主观能动性，激发他们的学习兴趣，使他们形成良好的学习动机，同时为他们创造良好的客观条件。教师要给学生进行大量的英语技能训练，开展英语技能训练活动，使学生能够通过这些活动来培养自己的各项语言技能，从而实现英语技能训练的最终目标，即熟练地使用英语。

第二节　大学英语教学的基本关系

一、语言知识和语言技能之间的关系

自 20 世纪 70 年代末恢复英语教学以来，我国的英语教学先经历了重知识、轻技能的阶段，后来在交际教学法的影响之下，又出现了重技能、轻知识的现象。语言知识和语言技能都是语言能力的组成部分，都是语言学习的目标。两者之间相互影响，相互促进。语言知识是发展语言技能的基础，不具备一定的语音知识，不掌握足够的词汇，不了解英语的语法，就不可能发展任何的英语语言技能，而语言知识往往可以通过"听、说、读、写"活动的过程来感知、体验和获得。

在很长的一段时间内，语法知识的传授在我国英语教学中占据了大量比重，而培养语言技能则受到一定程度的忽视。在纠正这一问题的过程中，也容易矫枉过正，从而走向另一个极端，即轻视语法教学，单纯强调通过自然习得获得语言能力。应当注意，语法教学在我国英语教学中的作用是毋庸置疑的，真正的问题并不在于语法应不应该教，而是应该如何教。语法教学不应采取"填鸭式"方式，首先要使学生大量接触语言材料，使他们建立对于其中所包含的语言规则的假设，然后在此基础上进行启发。

二、其他基本关系

英语教学是一个复杂的系统工程，其中所涉及的因素和矛盾非常多，在处理这些矛盾时应该采用辩证统一的态度，不要将其简单地对立起来，遵循适度的原则，防止从一个极端走向另一个极端。

在我国，部分人由于对客观规律认识不足以及受传统思维的限制，往往容易出现偏激化现象。这种现象在目前的英语教学中也一定程度地存在着。经济的全球化和科学技术的国际化正在成为新时代的特征，英语作为国际交往中重要的交流工具，其重要性已经为越来越多的人所认识。这样的环境很容易给人造成一种错觉，即认为英语比汉语重要，从而忽视了汉语的学习。

在处理英语和汉语之间的关系时还要注意不要过分放大汉语的干扰作用。汉语是国人的母语，我国的少年儿童在开始学习英语时已经能够比较好地使用汉语进行交际，也就是说，从幼时起，人们就已经掌握了大量的汉语词汇和基本语法，具备了使用汉语进行听说和读写的能力。英语对汉语母语者而言，是作为一门外语来学习的目标语。在谈到母语和目标语之间的关系时，人们经常提及的是"迁移"问题。迁移是外语学生经常采用的一种学习策略，它指学生利用已知的语言知识，去理解新的语言，这种现象在外语学习的初级阶段出现得最为频繁，因为学生对外语的语法规则还不熟悉，此时只有母语可以依赖，母语的语法习惯等就很容易被迁移到所学的外语之中。

如果母语对于目标语的学习起到了负面的影响，则被称为负迁移，即干扰。迁移并非总是坏事，有时候，由于英汉两种语言之间存在着很多相似或者吻合的地方，中国学生在学习英语时可以利用已有的汉语知识促进英语的学习。例如，汉语中的形容词都位于它所修饰的名词前面，而英语也同样如此，当学生学习了"clever"和"boy"两个词之后，就会很自然地说出"clever boy"。

对待汉语和英语之间的关系有两种极端的态度。一种是很难摆脱对汉语的依赖，以至于养成一种以汉语为"中介"的不良习惯，在"听、说、读、写"等语言活动中会不断地把听到的、读到的以及需要表达的英语先转换成汉语，这样就很难流利地使用英语，也不可能写出或讲出地道的英语；另外一种是完全摆脱汉语，刻意地回避汉语，这不仅难以做到，而且也是不可取的。

使用英语进行教学具有以下方面的益处：创造英语的氛围；增加英语的输入，减少汉语的负向迁移。使用英语进行教学可以为学生创造一个英语语言环境，使学生更好地融入英语的氛围中。这有助于学生更好地理解英语的语言结构和表达方式，从而提高他们的英语语言能力。使用英语进行教学还可以增加学生的英语输入量，使学生在课堂上接触到更多的英语语言材料和表达方式。这将有助于学生更好地掌握英语的"听、说、读、写"等技能。由于汉语和英语在语言结构和表达方式上存在很大的差异，因此学生在学习英语时很容易受到汉语的影响。使用英语进行教学可以帮助学生更好地理解英语的语言特点，从而避免因语言迁移而导致的错误。

在英语课堂上使用汉语要注意以下几点：汉语作为教学手段，使用方便，易于理解，但是不能过分依赖。在解释某些意义抽象的单词或复杂的句子时，如果没有已经学过的英语词汇可以利用，可以使用汉语进行解释，也可以对发音要领、语法等难以用英语解释的内容使用汉语进行简要的说明；利用英语和汉语之间的比较，可以提高教学的预见性和针对性。对于英汉两种语言相同的内容，学生学起来比较容易，教师只要稍加提示，学生就很容易掌握。某些内容为英语所特有，学生学起来就比较困难，教师应该有针对性地将其作为教学的重点，适当增加练习量。对于两种语言中相似但是又不相同的内容，学生很容易受到汉语的干扰，教师在教学过程中要注意引导。

　　语言是文化的一部分，是文化的重要载体。英语学生要想熟练使用英语进行交际，必须了解英语国家的文化。目前，跨文化交际已经成为英语教学领域的重要研究问题，也已经引起我国英语教学界的高度重视，但是，在重视外国文化的同时，却很容易忽视自身的传统文化。在我国目前广泛使用的各种英语教材中，与中国传统文化相关的课文内容凤毛麟角，由此而产生的后果是显而易见的。对于中国的学生而言，英语学习的重要目的之一是使用英语传播中华民族的优秀文化，而很多学生在通过了大学英语四、六级考试后，却不知道如《红楼梦》《水浒传》《三国演义》《西游记》等中国古典文学名著在英语中该怎样翻译。

　　我国各个层次的英语教学大纲都把培养学生的爱国主义情感作为教学目标之一，但是目前的英语教学只是把这一目标局限于口头上。如果在学习异国文化的过程中，不加以引导，学生很容易盲目地接受西方文化中的行为规范、价值观和道德观，很容易忘记甚至疏远自己民族的文化传统。另外，忽视中国文化，也不利于对外国文化的学习；学习本国文化，有利于加深对外国文化的理解，提高鉴别和鉴赏外国文化的能力。

　　在英语教学中，听说能力的培养和读写能力的培养往往不能兼顾。在长期以来的英语教学中，学生听说能力的培养一直是一个薄弱的环节，学生经过了多年的英语学习后还是不能进行口头交际，从而造成了所谓"哑巴英语"的现象。如何提高学生的听说能力，尤其是口语能力，是目前亟待解决的问题，但是，我们也应该意识到，重视听说能力的培养，并不意味着可以忽视读写能力。听说能力在很大程度上与读写能力相关，心理语言学的研究成果告诉我们，在语言学习的过程中，需要大量的信息输入并通过内部语言系统进行加工，从而转化成一定程度的外部语言，而阅读是信息输入的重要途径，也就是说，没有足够的阅读，要想提高口语能力是不可能的。

　　读写能力是一个受过良好教育人士的基本标志。"听、说、读、写"四项技能是一个相辅相成的有机整体，在以往的英语教学中，我们忽视了听说能力的培养，在纠正这一错误倾向的同时，要注意不要走向另一个极端。

第三节 大学英语教学的基本原则

一、任务型教学法的基本原则

任务型教学法是指将任务置于教学法焦点的中心，它视学习过程为一系列直接与课程目标联系并为课程目标服务的任务，其目的超越了为语言而练习语言，即一种将任务作为核心目标来计划、组织语言教学的途径。纽南提出了任务型教学法的五条原则：真实性原则、形式—功能性原则、任务相依性原则、从做中学原则、脚手架原则。

（一）真实性原则

语言学习是与实际情境紧密相连的，任务设计应尽可能模拟真实的生活场景，让学生通过真实的语境来理解和使用语言。

（二）形式—功能性原则

任务设计应注重语言的形式和功能，使学生不仅掌握语言的结构，还要理解其在特定语境中的意义和用途。

（三）任务相依性原则

任务的设计应具有层次性和连续性，形成一个任务链或任务系列，使学生的语言技能在完成任务的过程中逐步提高。

（四）从做中学原则

学生通过参与和完成实际的任务来学习和掌握语言，强调在做中学习，而不仅仅是听讲或记忆。

（五）脚手架原则

教师作为学习过程中的引导者和支持者，为学生提供必要的指导和帮助，让他们在学习时感到成功和安全，帮助他们完成任务并逐步独立。

二、内容型教学法的基本原则

内容型教学法是通过运用目的语教学学科内容，把语言系统与内容整合起来进行第二语言教学的方法。这种整合观是基于一种对语言教学的认识：只有同时给予两者相同的重视，而不是将两者分离开来，才能促进两个方面同时发展。运用目的语教学学科内容可以较理想地达到整合这两个方面的目的，其基本原则如下。

（一）直接学习语言结构

内容型教学将学生暴露于真实的语言输入中，目的在于让学生获得运用语言进行交际的能力。文本的形式、教师课堂语言的输入、学生之间的结对子活动以及小组活动都是内容型教学的信息源。内容型教学认为，仅仅通过可理解性输入不是成功的语言学习，对真实文本中出现的语言结构必须采取增强意识的方法进行学习。

（二）教学决策建立在内容上

语言课程的设计者和教材的编写者在设计阶段面临的两个问题：内容的选择，即包括哪些项目；排序，即如何排列这些项目。在以往的教材中，通常按照语法的难易程度编写。例如，一般现在时比其他时态更容易学习，在教材的编写和教学中自然处于优先学习的地位，根据此原则编写的教材和教学把容易学习的内容放在初学阶段。

内容型教学法颠覆了传统方法中内容的选择和排序原则，彻底放弃了以语言标准作为教学的出发点，把语言内容作为统率教材的选择和排序的基础。

（三）整合听、说、读、写技能

以往的教学法常常以分离的、具体的技能课如语法课、写作课、听说课的形式进行教学。内容型教学方法试图在整合听、说、读、写四项基本技能的同时，将语法和词汇教学包含在一个统一的教学过程中。由于语言交流的真实情景以及语言的交互活动涉及多种技能的协同，从而派生了这项教学原则。

同样，内容型语言教学反对在课堂上主张先听说、后写作的教学顺序。该教学模式的支持者认为，没有固定的、一成不变的技能教学顺序，相反，语言教学可从任何一种技能出发。可以看出，这一原则是第一个原则的引申，是内容决定、影响教学项目的选择和顺序原则的具体表现。

（四）学生积极、主动地参与教学的每一个阶段

自交际法产生以来，课堂的中心从教师转向学生，"从做中学"成为交际语言教学的基本原则之一。任务型教学是交际法发展的分支，它强调学生应在完成任务的过程中进行探索性、发现性的学习。同样，内容型教学也是交际法的分支，重视学生在参与学习的过程中积极主动地学习。

主张内容型教学的学者们认为，语言学习应将学生暴露于教师的语言输入情境中。同时，学生还可以在与同伴、同学的交往中获得大量的语言信息。在课堂的交互学习意义协商和信息收集以及意义建构的过程中，学生承担着积极的社会角色。在内容型语言教学中，学生可以承担多种角色，如接受者、倾听者、计划者、协调者、评价者等。与学生多重身份一样，教师也扮演着多重角色。他们可以是学生的信息源，任务的组织者，学习活动的引导者、控制者和促进者，学生学习活动的评估者等。

（五）结合学生的兴趣、生活和学习目标选择学习内容

内容型教学法的内容选择最终决定于学生和教学环境。教学内容通常与具体的教学和教育环境中的教学科目平行进行。在中学阶段，外语教学内容可以来自学生在其他科目如科学、历史、社会科学中学习的内容。

在高等教育环境中，学生可以选修"毗邻"语言课。"毗邻课"指两个教师从两个角度教学同一内容，从而达到不同的教学目标的课型。在其他教学环境中，教学内容可以根据学生的职业需要和一般的兴趣特点进行选择。事实上，由于对于哪些内容是学生普遍感兴趣或者直接相关的很难确定，教材的编写者、使用者都很难把握这一条原则。由于每个内容单元的教学时间长，教师有大量的时间和机会把课程内容与学生的兴趣以及他们已经具备的知识结合起来，因此，让学生对所选内容感兴趣是内容型教学理论实现的重要基石。

（六）教学内容和任务的真实性

内容型教学的核心是真实性。它既要求课文内容的真实，又要求任务内容的真实。一首歌谣、一个故事、一段卡通都可以作为真实的教学内容。把这些真实的内容置于外语教学课堂，将在一定程度上改变它们原本的价值取向，从而使它们服务于语言学习。同样，任务的真实性也是内容型教学的前提，任务必须与一定的文本情景结合，反映真实世界的实际状况。

三、课程资源建设的原则

大学英语课程资源建设是辅助大学英语教学的重要举措，是学生开展个性化学习的前提。在建设过程中应坚持以下原则。

（一）经济性原则

在大学英语课程资源开发中，要力求用尽量少的投入开发最大量的课程资源，即实现低投入、高产出。经济性原则涉及经费、时间、空间和学习四个方面。

经费的经济性指在花较少的钱，甚至不花钱的基础上，开发出可以服务于学生的大学英语课程资源，如从互联网上提取本校可以使用的英语资源；时间的经济性原则指立足于现实，尽可能利用和开发那些适于当前大学英语教学的课程资源，不能一味等待更好的时机，否则就会错过最佳学习期；空间的经济性原则是指能就地开发的课程资源，不要舍近求远，同时也指课程网站的容量；学习的经济性主要指以兴趣为导向，开发那些能激发学生学习积极性的课程资源。

（二）"学生为中心"原则

所有大学英语课程资源的建设都是围绕学生的英语学习动机和兴趣而开展的，为学生创造良好的学习氛围，为学生努力学好英语铺路搭桥。不管是资源建设的决策和规划阶段，还是实施、检查和改进阶段，都要以学生的实际需求为出发点，不但要关注他们的知识类资源，还要关注他们的情绪类资源、问题类资源、错误类资源、差异类资源和兴趣类资源，尽可能让他们成为学习的绝对中心，成为知识意义的主动建构者，确保教材所提供的知识不再是教师传授的内容，而是学生主动建构意义的对象，媒体也不再是帮助教师传授知识的手段与方法，而是用来创设情境、进行协作学习和会话交流，即作为学生主动学习、协作式探索的认知工具。

（三）开放性原则

大学英语课程资源建设是一项长期系统的积累工作，随着教学改革的不断深入，社会的不断进步和教师的专业化发展，课程资源不断更新，确保教学程序的正常运作。在资源建设过程中，建设者要以开放的心态对待人类创造的所有文明成果，以开放的目光审视周围的事物。

开放性原则包括类型的开放性和空间的开放性。类型的开放性是指不管课程资源以什么类型存在，只要有利于教育教学，都可以加以开发利用；空间的开放性是指课程资源的地域性差异，不管它们是校内或校外、国内或国外，只要能有益于学生知识积累、能力发展、技能提高，都可以加以开发和利用。知识经济是世界一体化的经济，资源的开放性原则是从地区到全球、从微观到宏观、从局部到整体，在不同层次上都要确立的一种基本原则。

（四）前瞻性原则

大学英语课程资源的开发与利用是与学生需求紧密相连的，受现有的课程和现实社会的实际需求推动。从发展的角度来看，课程资源建设还要与未来社会的发展联系起来。只有这样，才能够帮助学生更好地把握未来社会的一些发展趋势。

建设者要具有前瞻性思维，密切关注社会的发展动态，注意吸收当前重要的、有影响力的、处于科技前沿的一些素材，在此基础上开发出对学生而言真正有用的课程资源，对学生加以引导，让他们逐步接受这些新东西，为学生以后的终身学习与可持续发展打下坚实的基础。

第四节　大学英语教学教师的素质

一、教师的作用

在大学英语教学中，教师有着重要的作用，所有的英语教学活动都依赖于教师的组织实施或监督。在日常的英语教学中，教师主要扮演着控制者和指引者的角色。

在英语教学中，标准的口语是每个英语教师必备的教学技能。有一部分英语教师的口语并不是很标准，因此教师可通过录音机、电脑和其他高科技设备等进行教学活动，以保证在上课时学生们能够听到标准的口语。在英语教学中，教师对相关的词语、语句、文章进行讲解时，对于其中一些复杂、难以理解的词、句，要讲到学生听懂为止。在大部分的英语教学中，教师的讲解基本上占据了大部分的课堂时间，毋庸置疑，教师对相关问题的讲解可以促进学生们消化吸收相关知识，尽管如此，教师也应尽可能保证学生有充足的时间进行练习。此外，针对不同的教学内容，教师要选择最适合的教学方法，这样教学会事半功倍。对于一名合格的英语教师而言，应变能力也是不可或缺的。教师应及时掌握教学进程，及时处理教学中出现的突发情况，保证整个教学活动的顺利进行。

教师要根据具体情况及时选择正确的提问方法、语言的使用和进行反馈的方法。在英语教学中，教师一般都是通过提问法来进行教学的。通过提问法，教师能够很好地将学生的学习热情激发出来，使学生能够在课堂上主动地进行思考。此外，在英语教学中，语言的使用方法也是相当重要的，为了使学生能够及时将教师讲解的知识弄懂，教师在进行教学时可以通过将语速放慢、多讲解几遍并插入解释、调整教学顺序等方法来帮助学生加深理解。学生是英语教学的重要反馈者，同样，教师的反馈也是十分重要的，教师应针对学生的学习情况，及时向学生提供反馈。教师可以对学生的回答和表现进行即时的评价和反馈，如对学生进行赞扬和鼓励，扩展学生的答案、重复学生所答、总结学生的回答、批评等。

总而言之，教师的最终教学目标就是运用各种不同的教学方式来激发学生的学习主动性，增加学生的知识广度，让学生养成良好的学习习惯，实现教学效果最大化。

二、高校英语师资队伍现状

总体而言，在高校从事大学英语本科教学的教师队伍是一支勤勤恳恳、任劳任怨、有上进心、有事业心的队伍，但是，这支队伍在知识结构、年龄结构、教育观念、教学技能等方面不同程度地存在着各种问题。

（一）科研意识仍需培养

大学英语教师长期担负着繁重的教学任务，加上不少院校一直把大学英语四、六级过关率作为评价大学英语教师的主要指标，这增加了教师的教学负担，淡化了教师的科研能力，导致教师在这种环境下很少进行理论上的反思，往往只是凭经验和直觉进行教学。

束定芳教授主持的调查表明，从事教育理论研究的高校外语教师仅占 10.7%，写过教学方面的文章的教师也刚刚过半。上海外国语大学梅德明教授主持的项目研究发现，在他们走访的某高校大学英语教师中，近两年只有 21.3% 的教师撰写并发表了论文。这种状况与高校教师的职责和任务极为不相称，因为大学不仅是培养高等人才的地方，也应该是科学研究的前沿阵地。

（二）专业化程度仍需提高

语言教育是一门严肃的学科，有着丰富的理论基础和发展规律。它涉及教育学、心理学和应用语言学等，是从事外语教学职业的人必不可少的条件性知识。在我国，只有师范院校或综合院校的师范专业才把教育学和心理学列入必修课程；非师范院校或专业的毕业生往往只是在数周的岗前培训中接受一些粗浅的教育学知识，这种以学科知识代替专业能力的现象严重影响了我国教师的专业化程度。

（三）教育观念仍需更新

不少大学英语教师没有注意到，现在社会上需要大量的创新型人才，在教学过程中，依然以考试为中心，将"高过级率"作为最终目的，在课堂上往往只是"填鸭式"地展开教学，进行语句的讲解，解释语法点，一字一句地对课文进行讲解。这种以做题为主的教学模式都是以教师为教学的主体，在教师的全权负责下进行，完全将学生的主动性抛之脑后，只是将知识传授作为重点，而忽视了对于学生能力的培养。

这种传统的教育模式往往导致学生过度关注记笔记和执行教师的指示，而忽视了实践能力的培养。在这种模式下，学生很少有机会进行实际操作，这不仅限制了他们实践能力的提升，还影响了主动学习和创造性思维的发展。这与语言作为交际工具的核心价值相去甚远。如果按照这种方式教育学生，他们的实践能力将受到限制，难以适应现实社会的需求；因此，英语教师必须立即转变传统的教育观念，真正以学生为中心，确保学生在教学活动中占据主导地位。教师在教学活动中应发挥引导和辅助的作用，传授学习方法和技巧，重点提高学生的实践运用能力。通过这样的方式，学生不仅能够掌握语言知识，还能更好地适应现实生活的挑战。

（四）教学能力仍需加强

教学方法与技能需与时俱进。传统的教学模式往往以教师为中心，忽视了学生的主体地位。这种单向的知识灌输方式已无法满足当今学生的学习需求。大学英语教师应积极探索和实践以学生为中心的教学方法，如合作学习、项目式学习等，以提高学生的学习兴趣和主动性。英语教师的跨文化交际能力需得到提升。语言与文化密不可分，培养学生的跨文化交际能力是大学英语教学的重点之一。部分大学英语教师自身的跨文化交际能力有限，导致在课堂教学中无法有效地融入文化元素，限制了学生的语言运用能力，因此，教师应通过参加培训、阅读跨文化交际相关书籍、参与国际学术交流等方式，提升自身的跨文化素养。英语教师的信息技术应用能力需得到加强。现代信息技术为英语教学提供了丰富的资源和工具，如在线课程、智能教学平台等。部分教师对信息技术的应用不够熟练，无法充分发挥信息技术的教学辅助作用，因此，教师应主动学习信息技术的相关知识，掌握现代教学工具的使用方法，将信息技术与英语教学有机融合，提高教学效果。教师需注重自身的专业发展。教师的专业发展是提升教学能力的关键。大学英语教师需保持开放的心态，持续关注学科动态，不断更新知识体系。同时，教师应积极参与学术研讨、教学研究等活动，与同行交流经验，共同成长。

（五）知识结构仍需调整

随着经济的不断发展，国际交流日益频繁，社会对复合型人才的需求激增，为了指导下一步的大学英语教学改革，《大学英语课程教学要求》就课程设置做了明确的要求，指出各高等学校要根据实际情况，建立各自的大学英语课程体系，将综合英语类、语言技能类、语言应用类、语言文化类和专业英语类等必修课程和选修课程有机结合起来。

大学英语教师在学习期间，修读的课程主要围绕语言和文学，近二十年的大学英语教学中，大多数学校只开设了"大学英语"一门课程，涵盖听、说、读、写等教学内容，这种做法导致了许多大学英语教师教授同一门课程的情况，也使得教师的知识结构显得过于单一和片面。要适应教学需要，英语教师就必须坚持自我发展、完善知识结构，为开设选修课和充实必修课做好准备。

（六）信息素养仍需强化

人类已进入信息社会。在信息社会里，信息技术带来教学方法、教学过程和教学资料等多方面的变化，并以此改进教学效果，引发教育教学领域全面而深刻的变革。教师作为新知识的传授者，必须主动适应信息社会，掌握信息应用能力，不断更新自己的知识，与信息应用能力紧密联系的是对现代教育技术的掌握和应用能力。

随着互联网的不断发展，现代教育技术和教学方法也在不断演进。如今，运用先进技术进行教学已经成为常态，因此，掌握并运用这些先进的教学技巧已成为现代大学教师必备的能力。由于大学英语教师多数出身于文科背景，对现代教育技术的了解相对有限，加之信息技术和教育技术的更新速度之快，大学英语教师在这一领域的知识储备往往难以跟上时代的发展步伐。为了适应这一现状，大学英语教师需要积极提升自身的现代教育技术能力。首先，英语教师应深入了解各种现代教育技术的原理和应用，如在线课程设计、智能教学平台的使用等；此外，教师还应关注最新的教育技术动态，及时更新自己的知识体系。

三、提高高校英语师资队伍素质

开放式的大学英语师资队伍建设理念表明，师资建设的形式已不是传统意义上那种为了提高学历和职称开展的脱产、半脱产或在职学习，现已呈现多样化特征。这些举措旨在解决提升学历、强化教学能力和提高科研能力这三大类问题。

（一）提升学历

1. 设立留学基金

为了鼓励教师去国外攻读硕士、博士学位，提高教师学历的国际化程度，可以设立青年教师国外攻读硕士、博士学位基金来资助教师赴海外攻读学位。

2. 设立学位提高奖励基金

可以规定外语学院教师只要获得高一级学位，除了享受学校的奖励外，学院还给予奖励。

（二）强化教学能力

围绕如何强化大学英语教师的教学能力，提高大学英语教学水平，建设优秀师资队伍，本文提出如下措施。

1. 开展信息技术系列培训讲座

大学英语的所有课程都在多媒体教室授课，同时支持教师逐步开展网络课程教学，督促大学英语教师将不断提高信息素养作为自己的一项重要工作。为了配合教师的教学，可以引进教育技术专业毕业生，除了维护电教设备的正常运转外，还定期培训教师，让教师熟悉 PPT 的制作、电子表格的使用和制作、SPSS 统计软件的使用，教学用语料库的建立等。

2. 实行教学督导制度

实施校院两级教学督导制，每学期均有听课重点，教学督导组对新引进的教师、在学评教中得分较低的教师、拟晋升高一级职称的教师、拟参加课堂教学比赛的教师进行教学督导。督导委员听课后，不但会将涉及的教学内容、教学方法、教学效果、师生互动情况等方面的意见反馈给授课教师，同时也会将其反馈给主管教学的副院长，帮助建立教师授课档案。

3. 实行青年教师指导制度

刚参加工作的青年教师或刚毕业的硕士研究生，尽管他们具有一定的语言基本功，有较高的教学热情，但他们缺乏教学经验，可以安排教学经验丰富、教学功底扎实，且乐于带年轻人的老教师与青年教师结对，帮助青年教师尽快熟悉主讲课程的课程大纲、制订本门课程的教学计划和教学任务等，以确保他们在最短的时间内进入角色，掌握一门课程的教学流程，然后独当一面，成为一名合格的大学英语教师。

4. 实行课程教学团队制度

在大学英语教师组成的教学团队中，老、中、青教师应协调发展，共同进步。在一些新开课程中，可以尝试课程教学团队制，即同一门课程由两个或两个以上的教师担任教学，其中一个教师为主讲教师。这就是教师队伍建设中"传、帮、带"的具体体现。刚接受这门课程的新教师或年轻教师第一轮讲授少量内容，第二轮、第三轮逐步增加教学任务，直至独立承担这门课程的教学。

5. 开展非师范毕业生岗前培训

外语教师不仅应该具备扎实的语言功底，还需要有一定的教育学、心理学知识。据束定芳教授的调查表明，高校英语教师中，师范毕业的教师仅占24%，大学英语教师的专业化程度不高。

（三）提高科研能力

大学英语教师主要来源于传统的英语语言文学或师范专业，因此在学科和跨学科知识结构方面可能存在一定的不足。在学术研究方面，外语专业的学生在接受教育期间往往缺乏必要的科研方法和技能训练，同时由于科研条件的限制和学术氛围的不足，许多大学英语教师对科研并不熟悉或缺乏兴趣。为了提高大学英语教师的科研能力，营造良好的研究氛围和创造有利的科研条件是至关重要的。这不仅可以解决教师在科研方面的困惑和难题，还能促进教师对学科的深入理解和探索。同时，解决研究成果的固化问题也是至关重要的，这有助于确保教师的努力和贡献得到充分的认可和传承。

加强大学英语师资队伍建设的一项重要任务是培养教师的科研意识和能力。通过提供系统的科研培训、创造良好的学术氛围和提供必要的科研条件，可以激发教师的创新精神和实践能力，进一步提高大学英语教学的质量和水平。这也有助于提升教师的职业素养和学术声誉，推动大学英语学科的可持续发展。

第二章　信息网络背景下的大学英语教学探究

第一节　信息技术与英语课程整合概述

一、信息技术对课程的影响

信息技术的飞速发展和科学技术的日新月异，不仅对教育提出了新的要求，也深刻地影响了课程的内容和呈现方式，拓展了课程设计的范畴，使课程更具开放性和个性化。

（一）信息技术极大地拓展了课程的内涵

现代信息技术使得课堂教学不再局限于固定化的形式，而是以信息资源的状态存在。每个个体所获得的外语学习内容是依据原有知识结构和发生的体验而形成的。课程内容更符合信息社会文化和人才的要求。

传统意义上的一门课程，往往就是一本教学大纲（含教学计划）、一本教材，课程实施就是讲授教材上的内容。现代信息技术支持下的课程，除了有教学大纲和教学计划、教材外，还包括以信息技术为基础的学习资源、教学资源、教学工具等，如光盘、电视节目、多媒体教学软件、网络课程等。基于网络技术的支持和信息共享平台，教与学的课程不再受到地域的限制和时间的限制，课程内容可以不断更新。

（二）信息技术丰富了课程的呈现方式

现代信息技术解决了大信息量的记录、存储、传输、显示和加工等问题。例如，多媒体技术将文本、声音、图片、动画、音频和视频等进行有效的整合，使课程以更加丰富和多媒体化的特征呈现。这一特性改变了课程呈现方式单一的局限性，使学生能够真正实现对信息的多感觉通道加工，这有助于学生建立起对当前信息的准确表征，建立起对当前事物的丰富联系，提高学生感知、记忆和思维的效果。对于特定的教学内容、教学对象而言，这种更为新颖、更为形象和直观的学习材料，还可以有效地激发学生的学习兴趣和学习动力。

（三）信息技术使个性化的课程成为可能

一方面，信息的高度共享使个体搜索个性化的信息成为可能，也赋予学生更多选择的机会与权利，使课程可以更好地满足学生的个性化需要。另一方面，多媒体呈现的学习资源，可以使具有不同认知方式的学生根据自己的特点选择适当的学习方式，特别是一些仿真探索空间、虚拟实验、电子书包等，个别化的程序、过程和进度可以激发所有学生，满足不同学习目的和风格，适应个体的心理和认知需要，也有利于促使学生进行主动性、创造性学习。

二、信息技术与课程整合的背景

信息技术的飞速发展，多媒体和网络技术的日臻完善和普及，信息技术教育水平不断提高，软、硬件环境不断完善，加之深化教育改革，全面推进素质教育，培养具有创新精神和实践能力的高素质人才和劳动者已成为当前社会的迫切需要，教育信息化得到了各阶层的重视，我国的信息技术教育发展进入了快速发展时期。特别是近几年在新课程、新教法的基础教育改革中，在先进的教学理念、以学生为中心的教学方式、各种形式的教师信息技术能力培训等因素的综合影响下，广大教育工作者的观念从认为信息技术是计算机课程教育的认识飞跃到更高的层次，即信息技术必须融入教学，必须和学科课程相整合，而信息技术教育的发展应用也跃上了一个新的台阶——信息技术与课程整合。

"信息技术与课程整合"的概念最早源自西方的"课程整合"概念。在英文中，"整合"一词表述为"integration"，这一单词在汉语中有多重含义，如综合、融合、集成、一体化等，但它的主要含义是"整合"，即由系统的整体性及其在系统核心的统摄、凝聚作用而导致的使若干相关部分或因素合成为一个新的统一整体的建构、程序化的过程。整合可以使系统内各要素实现整体协调，相互渗透，使系统各要素发挥最大作用，这个过程会导致生成一个新的事物。课程整合的含义是指对课程设置、各课程教育教学的目标、教学设计、评价等要素做系统的考虑与操作，用整体的、联系的、辩证的观点，去认识和研究教育过程中各种教学要素之间的关系。课程整合的过程就是使分化了的教学系统中的各要素及其各成分形成有机整体的过程。课程整合并不是指单纯地将被分割的知识拼凑在一起，也不是指简单地把各学科聚合起来，课程整合是指把本来具有内在联系而被人为地割裂开来的内容重新整合为一体的课程模式。这种内在联系是自然的、真实的、本质的，而非人为的。牵强附会的联系只能使得课程变成一个大杂烩。如果两个内容之间没有自然的联系，就不能把它们整合在一起。不是每个事物都必须与其他事物联系在一起的。信息技术整合于学科课程绝不是简单的纳入或功能的叠加，也不仅仅是工具或技术手段层面的应用，而是如何将信息技术实际地融入学科课程的有机整体，使其成为整体不可缺少的一部分，或成为一个新的统一体。在各学科教学中，有效地融入信息技术，将教学系统中的各种教学资源和各个教学要素有机地集合起来，将教学理论、方法、技能与教学媒体很好地结合起来，在整个教学过程中，保持协调一致，并发挥系统的整体优势以产生聚集效应。

2000 年 10 月，时任教育部部长陈至立在全国中小学信息技术教育会议上提出，在开好信息技术课程的同时，要努力推进信息技术与其他学科教学的整合，鼓励在其他学科的教学中广泛应用信息技术手段，并把信息技术教育融合在其他学科的学习中。各地要积极创造条件，逐步实现多媒体教学进入每一间教室，积极探索信息技术教育与其他学科教学的整合。至此，信息技术与课程整合成为教育信息化进程中理论研究与实践探索中的热点问题。

可以从以下三个方面来理解信息技术与课程整合：①应该在以网络和多媒体为基础的信息化环境中实施课程教学活动；②对课程内容进行信息化处理后成为学生的学习资源；③利用信息加工工具让学生改变学习方式，进行知识重构。在信息化学习环境中，由于将信息技术与学科课程进行整合，使得学生的学习方式发生了重要的变化。主要变化在于学习是以学生为主体的，学习可以是个性化的，能满足个体需要；学习是以问题为中心的；学习过程是通信交流的过程；学生之间、教师与学生之间是协商的、合作的；学习过程具有创造性；学习可以随时随地进行。可以说，学生的学习可以不再只是依赖教师的讲授和学习课本，而是可以利用信息化平台和数字化资源展开协作学习，并通过对资源的收集利用、探究知识、创造知识、展示知识的方式进行学习，因此，通过信息技术与课程整合，可以使学生掌握信息时代的学习方式，包括会利用资源进行学习；学会在数字化情境中进行自主学习；学会利用网络通信工具进行交流，协作学习；学会利用信息技术，进行实践创造性学习。总之，学生可以利用文字处理、图像处理、信息集成的数字化工具，对课程知识内容进行重组、创作，使信息技术与课程整合不仅只是向学生传授知识，而且能够使学生进行知识重组和创新。

我国基础教育信息化的发展十分迅速，教育信息化基础设施已初具规模，教师、学生的信息素养教育得到了广泛的重视，对于信息技术与课程整合的课题研究，各教学研究部门和有条件的学校都投入了较大的力量进行实践研究并已取得很多可喜的成果。信息技术与课程整合是当前教学改革的新视点，将信息技术作为改革传统课堂的有效手段，将其和学科课程教学融为一体，优化教学过程和学习过程，促进学生的全面发展、个性发展，构建数字化的学习环境，实现数字化的学习是目前信息技术与课程整合努力的方向。这个过程不可能一蹴而就，需要广大教师和教育工作者逐渐积累成果；在这个积累的过程中，粉笔和黑板的作用逐渐淡化，多媒体和网络的应用逐渐普及；在这个积累的过程中，普遍采用的传递—接受的主流教学形式将与多元化教学形式共存；教师和学生的角色都要被重新定位，单纯性的教师讲学生听、教师问学生答的教学局面将被改变；在这个积累的过程中，学生学习的主体性地位将不断提升，学生将主动学习、协作学习，发展个性。学生注重实践能力的意识和创新精神将不断提高。

这里需要注意一个问题，信息技术与课程的整合具有双向性，应该是双向整合，即信息技术整合于学科课程和学科课程整合于信息技术，两者应该做到各取所需，前者是研究信息技术如何改造和创新课程，后者是研究课程创新中如何开发和利用信息技术。这个问题十分重要，它涉及建构信息文化背景里整合型的信息化课程新形态，以及如何利用各学科进行信息技术教育的问题。

三、信息技术与英语课程整合

（一）英语课程性质及基础教育目标

英语是基础教育阶段的必修课程，对外语课程的学习，既是学生通过外语学习和实践活动，逐步掌握英语知识和技能、提高语言实际运用能力的过程，又是他们磨砺意志、陶冶情操、拓宽视野、丰富生活经历、开发思维能力、发展个性和提高人文素养的过程。基础教育阶段外语课程的任务是：激发和培养学生学习外语的兴趣，使学生树立自信心，养成良好的学习习惯和形成有效的学习策略，发展自主学习的能力和合作精神；使学生掌握一定的英语基础知识和听、说、读、写技能，形成一定的综合语言运用能力；培养学生的观察、记忆、思维、想象能力和创新精神；帮助学生了解世界和中西方文化的差异，拓宽视野，培养爱国主义精神，形成健康的人生观，为他们的终身学习和发展打下良好的基础。

（二）信息技术与英语课程整合的内涵

所谓信息技术与英语课程的整合，是指在建构主义理论指导下，通过将信息技术有效地融合于英语教学过程，营造一种新型教学环境，实现一种既能发挥教师主导作用又能充分体现学生主体地位的以"自主、探究、合作"为特征的教学方式，从而把学生的主动性、积极性、创造性较充分地发挥出来，使传统的以教师为中心的课堂教学结构发生根本性变革，使学生的创新精神与实践能力的培养真正落到实处，提高学生综合运用英语的能力。将信息技术有机地与英语课程整合，符合当前英语教育的发展趋势。

需要注意的是，英语课程的整合框架含有一个信息化学习环境，而这里的信息化环境不仅仅包括硬件系统，还包括软件和人机环境，这三者有机地组合成一个综合的系统。在此系统中，教师、学生、学习内容、计算机网络相互作用而产生一定的教学效果。信息技术与英语课程整合将带来课程资源的变化。信息技术的飞速发展、网络资源的丰富性和共享性，都冲击了传统课程资源观，课程资源的物化载体不再是单单的书籍、教材等印刷制品，也包括网络以及音像制品等。生命载体形式的课程资源将更加丰富，学生可以通过信息技术的通信功能与专家、教师等交流，扩大了课程资源范围。信息技术与英语课程整合，将有助于课程评价的变革和改善，信息技术与课程评价整合后，将带来评价观念和评价手段的革新。信息技术可以作为自测的工具，有利于学生自我反馈，也可以作为教师电子测评的手段，优化了评价过程，革新了传统的课程评价观与方法。网络信息技术与英语课程整合最主要的是带来学习方式的革命。信息技术的飞速发展，网络信息的大量泛滥，对于人类的学习方式产生了深刻的变革作用。学生从传统的接受式学习转变为主动学习、探究性学习和研究性学习，有利于把"以教师为中心"的教学模式转变为"教师主导—学生主体"的教学模式。

第二节　信息网络背景下的大学英语课程教学

一、网络环境下的大学英语教学模式

（一）大学英语网络教学模式的定义

教学模式一词最初是由美国学者乔伊斯和韦尔等人提出的。几十年来，关于教学模式的定义出现了各种观点，概括地说：教学模式是指在一定教学思想和教学理论的指引下，制定较为稳定的教学方法和教学活动的结构框架。构建教学模式的理论基础是教学思想和教学理论。

（二）大学英语网络教学模式的构成要素

1. 教学理论

建构主义注重以信念、心理结构为基础来建构知识。学生是自身认知结构的构建者，不再是被动接受者。

2. 教学目标

教学活动所要开展的方向以及预期要达到的效果。

3. 技术环境

技术环境主要包括局域网、校园网、广域网以及计算机设备等，为英语网络教学提供了一定的物质条件。

4. 教学策略

教学策略选择和使用会影响教学模式的运作。

5. 人机角色关系

人机角色关系中的"人"是指教与学的对象，"机"是指计算机网络设备。一是指教师与学生之间的关系，二是指教师、学生与计算机网络设备之间的关系。

（三）大学英语网络教学模式的特征

网络教学模式的特征具体包括以下几点：①教学模式、教学方式以及教学活动结构一般不稳定，是一个不断完善的、开放的动态系统。在时间上表现为操作过程和顺序的动态变化。②网络教学模式强调课堂教学和自主学习结合，使教学变得更具趣味性，更能激发学生学习兴趣，也促使教师改变传统教学过程，最终实现良好教学效果。③个性化可以从教师和学生两个角度出发，从学生方面来看，学生可以按照自身兴趣或具体学习状况有目的地安排学习。

（四）大学英语网络教学的主要模式

1. 网络自主学习模式

学生是整个教学的中心，教师只是起到辅助教学的作用。

2. 网络自主接受模式

网络自主接受模式为"学生＋学习资源＋学习指导者"，以计算机作为媒介呈现的视频、图像、文本等语言资料作为学习材料，这里的学习指导者并不仅指教师。

训练要以完形填空、单项选择等并带有详细答案的形式为主，计算机通过已设定好的识别和反馈程序可进行自动批改。

计算机在这里充当了教师的角色。它的不足在于无法满足学生的情感需要，尤其是在遇到一些个性化问题时。

3. 网络自主探究模式

在网络自主探究模式中，通过网络自主学习的方式，以阅读某一文学作品后写感想，或观看某一英语原版影片后写影评等来提高学生的英语语言学习能力。在学生完成任务的过程中，教师对学生提出的问题予以解答。

4. 网络任务合作模式

网络任务合作模式为"学习小组 + 任务 + 参考资料 + 教师"，利用网络资源，完成教师指定的一般较为复杂的语言任务。

在任务合作的模式中，教师要按照学生的语言以及综合能力水平等对学生进行分组，在学生完成任务的过程中，要随时协调小组合作时可能出现的成员矛盾，并在任务完成后开展组织评估工作。

学生应尽量使用目标语言，选用目标语的参考资料，并用目标语进行总结发言。这种教学模式是通过构建虚拟任务的情境来实现的，同时也培养了学生的团队合作精神。

5. 网络综合教学模式

单一的教学模式往往不能满足不同教学目标的需要，这就是我们所说的综合教学模式。当学生学习完网上开设的大学英语泛读课程后，教师会组织学生阅读课文，最后要求学生翻译其中的某段或写一篇读后感。

我们在设计和确定教学模式时，应对教学目标、技术开发水平等因素进行综合考虑。

二、网络环境下的大学英语教学模式优势

（一）有利于提供大量的学习资源

网络可以给学生提供大量的学习资源，而且这些资源具有时效性，因此实用价值也相对较高。与传统教学相比，网络教学具有非常明显的优势。由于传统教科书的文化知识内容受到版面限制，而网络教学提供了更多的可能性，从而有效地提高了学生自身的文化素养。

（二）有利于培养学生的听说能力

在线课程是公开的、灵活的，只要有电脑和网络，就可以随时随地

使用各种教学资源。在线教材提供了多种媒体资源，包括文字、图片和影片，以及丰富的语言材料、活跃的动态信息等来帮助学习。网上英语课还为学生提供了一个在线交流平台，学生可以和其他英语爱好者热情交流。与其他学科相比，英语在线课程有着更大的优越性。

语言学习主要通过交际实现，大部分知识都是从课堂获取，而网络英语教学给学生提供了真实的英语交际环境。

（三）有利于提供新的师生交流平台

教师可以通过网络教学中电子邮件等通信手段来加强师生之间的课下交流与讨论。

（四）有利于培养学生的自主学习能力

传统的英语教学主要是以教师为中心，教师讲解为主，学生主动参与很少。在网络教学中，学生可以通过操控网络学习平台来自主选择课程和安排学习进度，从而实现真正意义上的个性化学习。

三、网络与大学英语教学整合生态化环境

（一）英语教学立体化互动模式

2004年，《教育电子政务试点工程建设实施办法》开始在国内实行。这一改革规模巨大，影响深远。教学模式改革其实是大学英语教学改革的核心和关键内容，而教学模式改革的重点是计算机和信息技术的充分利用，外语课程的组成由基于传统的"2+1"模式转变为"3+1"模式，也就是说，理论和信息技术应列入教学计划或教材中，改革教学模式应从理论转向实践。关于设计教学模型的讨论依然具有积极的实用性，以帮助"3+1"外语课程模式下的各教学要素找寻恰当的生态位。

1. 互动及互动教学

人与人之间交互作用和相互影响的方式和过程，表现为一个包含互动主体、过程和结果等要素的动态和静态结合系统。这些理论成为互动教学重要的理论基础。通过语言和非语言方式相互影响和作用。

互动教学是一种教学模式，强调在教学过程中学生的主动参与和师生之间的互动。它与传统的以教师讲授为主的教学模式相对，更注重学

生的主体地位和实际应用能力的培养。互动教学的核心理念在于通过优化"教学互动"的方式，形成和谐的师生互动、生生互动、学习个体与教学中介的互动，强化人与环境的交互影响，以产生教学共振，达到提高教学效果的一种教学结构模式。在互动教学中，教师不再是单纯的知识传授者，而是成为学生学习的引导者和促进者。学生也不再是被动的接受者，而是成为学习的主体，通过主动参与和协作探究，建构知识并提升能力。经过二十多年发展，互动教学研究已成为影响广泛的二语习得研究模式。

2. 传统外语教学互动模式的不足

传统外语教学模式以教师为中心，以帮助学生在有限的课堂时间内获取和积累语言知识为目的。通过精讲教科书中的核心范文向学生输入某一阶段的语言形式。

（二）教育生态学视域下的现代信息技术与大学英语课程整合

信息和通信技术对人们教育和学习理念产生了深远影响，21 世纪是生态化时代，更多的专家和学者开始用生态学联系观、动态观考察现实问题。教育生态学作为新兴交叉学科，强调教育过程中"人与人、人与环境"和谐、平衡和可持续发展，以促进英语教学改革的良性循环与可持续发展。

网络英语教学实践和研究取得的成果为深入探索英语信息化教育体系中诸多人、环境和效益等方面的问题提供借鉴。针对英语教学制度环境、校园种群环境等较为宏观的研究还有待继续发展。

1. 现代信息技术与英语课程整合的内涵

审视不同学科教学系统的各个组成部分，采用综合和可持续的方法，以及在实践中使用信息技术，将信息方法和课堂教学结合。

整合需要科学的教育思想与学习理念的指导。生态学研究强调各组成成分的相互联系和相互作用，目的是促进英语教育信息化改革的可持续发展。

在教育生态系统中，存在着使其各要素之间相互联系的教育生态链。由于某个教育生态系统形成初期并没有独立的发展形态，系统的生态链呈现出若有若无的自然状态。现代信息技术与英语课程整合的目标是在先进的教育思想、理论基础上，将这些工具全面应用到学科教学过程中，经过整合、组合、融合促进传统教学方式的根本改变。

2. 现代信息技术与大学英语课程整合的特点与作用

新教学模式突出现代信息技术在英语课程教学中的支撑作用，将"以教师为中心"转变为"以学生为主体，教师为主导"。信息技术与英语课程的整合发挥了教育生态链的作用，促进了英语教育生态主体教师与学生关系的和谐共进，构建交互动态的英语教学环境。

3. 维护英语信息化教育生态系统平衡运行机制

生态平衡是指一定时间内生态系统中的生物与环境之间与种群之间，相互之间达到高度适应、协调和统一的状态。想要从根本上解决英语教育生态系统变革中的失衡现象，就需要维护英语信息化教育生态系统平衡运行机制。

（1）区域生态建设机制

考虑到区域教育生态具有有机性、综合性与独特性，高校英语教育区域生态建设机制主要涉及文化建设和组织建设更新。

文化建设要注重生态文化生成，以生态化思考重新审视教学系统中各要素和谐共生关系，调整好各生态因子生态位。

制度建设的目标是要加大政府职能转变力度，鼓励不同区域环境内学校自主与创新发展，从而保持教学与地域环境平衡。

（2）学校生态建设机制

学校是一个生态有机体，具有复杂的、动态的生态环境，以确保高校英语信息化教育变革过程中物质和信息的有效交换与交流。

组织生态层面，组建教师职业发展与研究中心，关注青年教师职业成长需求，切实提高教师掌握和运用信息技术的能力。

制度生态方面，制定自下而上的教学管理机制和互动评估机制。文化生态方面，教师应及时更新教学理念，综合运用多种方法进行教学，使学生成为学习的主人，激发他们学习的积极性和自主性。加强有效辅导和管理，努力培养学生自身的自主学习能力。

（3）课堂生态建设机制

高校和大学环境教育空间的关键在于建立一种可持续性的、开放的教室生态系统。课堂生态建设机制主要包括：①课堂生态系统的活力机制。这不仅需要消除教师的文化权威，而且必须尊重教师和学生之间的差异，共同设计并开展不同形式的教育活动。②课堂生态系统的结构机制。重点是教师和学生的互动，要尊重情绪因素在教育过程中的重要作用，就必须消除教师和学生之间的距离。③课堂生态系统恢复机制。注重课堂内外立体联系，英语教师和学生要尝试走出传统平面课堂来体验真实的语言世界，收获自我调控力和终身学习能力。

生态系统通常在时间上表现出变化特征，这也是生态系统从简单到复杂、从低级到高级的演变过程。探索、发现和解决失调现象机制，进而优化系统，促进英语教学重新达到生态平衡。

（三）新时代的语言生态逻辑

进入 21 世纪之后，大量语言面临濒危的困境，全球语系、语族、语支、语种及其变体关系失衡，小语种越来越少，地区方言越来越孤岛化。

1. 语言生态观

语言生态观是从生态角度来看语言系统及语族成员之间关系的一种观念。语言生态观的研究内容包括语言学和生态学两个主要领域。

2. 新时代的语言生态研究的机遇与挑战

新时代的语言生态研究面临着许多机遇和挑战。

机遇方面，随着全球化和信息化的加速发展，语言生态的多样性和复杂性不断增强，这为语言生态研究提供了更广阔的舞台和更丰富的内容。同时，新技术的发展和应用，如人工智能、大数据、云计算等，为语言生态研究提供了新的方法和工具，使得研究者可以更加深入地挖掘和分析语言数据，揭示语言生态的规律和趋势。

新时代的语言生态研究面临着许多挑战。首先，语言的多样性和复杂性使得研究者需要更加全面和深入地了解不同语言的特点和规律，这需要耗费大量的时间和精力。其次，新技术的应用带来了新的伦理和社会问题，如数据隐私、信息安全等，需要研究者严格遵守伦理规范和法律法规。此外，新时代的研究需要更加注重跨学科和跨领域的合作，需要研究者具备更加广泛和深入的知识储备和技能。

新时代的语言生态研究需要充分认识到机遇和挑战并存的情况，采取积极有效的措施应对挑战，把握机遇，推动语言生态研究的不断发展。具体而言，研究者需要加强跨学科和跨领域的合作，拓展研究领域和内容；需要注重对新技术的探索和应用，提高研究效率和准确性；需要加强与政府、企业和社会各界的合作，推动语言生态研究的成果转化和应用。

（四）计算机网络环境下大学英语课程生态化探索

为全面实施大学英语教学改革，教育部高等教育司根据大学英语教学改革目标的要求，从微观角度在新的"基于计算机和课堂的英语教学模式"下，明确规定英语教学生态系统正常运转必须注重两条原则，即稳定的教学结构和能制约教学运转进入兼容、良性发展轨道的原则。

第三节　现代教育技术下的新型大学英语教学模式

现代教育技术下的新型大学英语教学模式理论框架整合了多模态、多媒体、多环境理论、计算机技术与外语课程生态化整合理念以及建构主义等教学理念，以环境的创设和教学结构的改变为主要特征，以多模态体验和模态转化学习为实际操作的着力点。与以往单纯以建构主义理论和计算机辅助语言学习理论为基础的理论框架相比，该模式的框架更加系统、细致，对实际教学模式的设计更具指导意义。自 2003 年大学英语教学改革启动起，学界对于大学英语教学模式改革的探索便逐渐展开。

2012 年 9 月 26 — 28 日，2012 年教育部高等学校大学英语青年骨干教师高级研修班第三期以"构建多模态、多媒体、多环境的集成型大学英语教学模式"为主题，于北京交通大学隆重举办，标志着这种探索进入一个新高潮。研修班期间，中国社会科学院顾曰国教授、上海外国语大学陈坚林教授、北京交通大学司显柱教授分别做了题为"多模态、多媒体、多环境下大学英语学与教：理论与实践""信息技术与外语课程的生态化整合"以及"建构主义与大学英语教学模式创新"的专题报告，提出或引导多模态、多媒体、多环境理论，计算机技术与外语课程生态化整合理念，基于建构主义的教学理念。

3 位教授独创或倡导的理论和理念可以整合为一个统一的理论框架，共同支撑新型大学英语教学模式。与以往研究中仅以建构主义和计算机辅助语言教学理论构成的理论框架相比，由这 3 种理论成分共同构成的理论框架更为系统、细致，因此以其为基础建立的教学模式更具可操作性和可证伪性。下面将对组成该理论框架的 3 种理论成分进行简单介绍，并对整合而成的新型大学英语教学模式理论框架进行阐释，尤其对其优势进行论证，对实践中可能出现的问题进行讨论，再次指出该理论框架的意义和重要性。

一、新型大学英语教学模式理论框架的成分

（一）多模态、多媒体、多环境理论

顾曰国教授在主旨报告"多模态、多媒体、多环境下大学英语学与教：理论与实践"时，对"多模态""多媒体""多环境"3 个基本概念进行了界定，对其学习行为进行了剖析。

1. 多模态

简言之，模态是人类通过感官跟外部环境之间的互动方式。这里的感官不但包括广为知的视觉、听觉、嗅觉、触觉、味觉，还包括医学上新发现的平衡感、距离感等。多模态指用 3 种或 3 种以上感官互动。互动过程中，人类可以将来自多模态的信息打包捆绑成整个的体验。模态越多，人类所获得的信息和体验就越充盈。例如，如果亲口品尝到北京烤鸭，至少涉及视觉、嗅觉、触觉和味觉，而如果只看到北京烤鸭的图片，那就只涉及视觉，前者的信息和体验比后者更为充盈。另外，顾曰国教授把输入和产出之间发生模态变化的学习行为称为"模态转换学习过程"。例如，让学生把读到的内容复述出来，就是一种模态转换学习。而如果只让学生理解所读到的内容，则是同模态学习过程。顾曰国教授

提出，恰当的模态转换可以增强学生对所学内容的内化度，提高内容记忆的持久度。换句话说，越充盈的体验、越丰富的模态转化，对学生学习越为有利。

2. 多媒体

要理解多媒体的概念，首先要区分物理媒介和逻辑媒介。物理媒介指装载内容或信息的物理介质，如纸张、磁带、光盘等。逻辑媒介是指在物理媒介上装载内容或信息的编码手段，如文字、模拟音频流、数字音频流、图像及视频流等。界定某内容是否为多媒体材料，是以逻辑媒介为划分标准的。使用3种或3种以上逻辑媒介的，就是多媒体内容。在这个定义下，文字材料印在纸介上是单媒体材料，声音录制在磁带上也是单媒体材料。如果一张光盘上有文字、图片、音频流、视频流，那么即使装载内容的物理媒介只有光盘一种，这里的内容也是多媒体内容。显然，与单媒体材料相比，多媒体材料更有可能触发多模态的体验。这也是多模态学习和多媒体学习经常交织在一起的原因。

3. 多环境

学习环境可分成不同的类型。例如，对在校学生而言，学习环境有教室、图书馆、自习室等物理环境；有课程设置、课程设计理念、教师教学模式等在内的学术环境；有由学生处、教务处等构成的管理环境；还有通过计算机广域网构成的虚拟教学环境等。环境向学生同时提供机遇和框定。例如，图书馆向学生提供阅读的机会，同时也框定学生在馆内的行为以及阅读量的极限。再如，教师的知识面等构成对学生的框定，而针对学习任务采取行之有效的教学手段又可为学生提供机遇。学习可以说无处不在，发生于多种混合环境中。各环境因素都提供框定和机遇，从而影响学习效果。

如此，大学英语教师在教学设计中应尽量为学生创造可以获得充盈体验、进行模态转化学习的环境，并充分考虑到多种环境因素，特别是多种环境下的学习集成型模式。

（二）计算机技术与外语课程的生态化整合理念

随着信息技术的发展，计算机多媒体技术和网络被广泛应用在外语教学中,改变了传统外语教学模式。整个外语教学研究范式已由"理论、方法到课程或教材"转变成"从理论、方法、技术到课程或教材"。在这种情况下,理清计算机等现代教育技术与外语教学的关系尤为重要。

关于两者的关系,目前广为接受的看法是将计算机视为辅助语言学习的工具,但是这种观念存在很大不足。根据这种观念,计算机作为辅助工具应用于教学,具有以下4个特点:①计算机仅充当辅助教师的演示工具;②教学内容基本与课本一致;③学生仍被视为被灌输知识的对象;④未改变以教师为中心的教学结构。这些特点严重限制了计算机原本可以发挥的作用。将计算机定位为"辅助"工具,而不是外语学习的有机组成部分。要充分利用计算机等现代教育技术,就必须将其视为书本一样的语言教学必备元素。正如没有"书本辅助语言学习"这种提法,计算机辅助教学的提法也应随着计算机在外语教学中的常态化而逐步废弃。

计算机成为语言教学必备元素的方式是通过信息技术与外语课程的生态化整合。根据美国教育技术CEO论坛2000年度报告,信息技术与各学科课程相整合的内涵在于创设生动的数字化学习环境。强调数字化学习环境的创设也是整合与辅助最大的区别。信息技术与课程的生态化整合实际就是通过信息技术有效地融合于各学科的教学过程来营造一种信息化教学环境,实现一种既能发挥教师主导作用又能充分体现学生主体地位,以"自主、个性、探究、合作"为特征的教与学的方式,从而把学生的主动性、积极性、创造性较充分地发挥出来,促使传统的以教师为中心的课堂教学结构发生根本性变革,形成"主体导向"的教学结构。因此,整合的内涵可概括为3条:①营造信息化教学环境;②实现新型教与学的方式;③变革传统教学结构。

(三)基于建构主义的教学理念

根据以往的研究,基于建构主义的教学理念与基于客观主义哲学观的传统教学理念相对立。两者在知识观、学习观、教学观、评价观、教师和学生角色、目标倾向、价值取向、信息技术应用、教学设计等方面截然不同。

简而言之，传统教学理念以客观主义哲学为基础，认为知识是客观、稳定、非情景化抽象的存在，是对客观世界的表征。知识外在于学生，可以传递，而教与学就是知识传递的过程。这种教学理念重知轻行，片面强调系统掌握各学科的理论知识，因此教出来的学生缺乏必要的专业实践能力或动手操作能力，在这种教学模式下，教师被视为知识的化身、讲坛上的圣人。学生则是被动的接受者，是等待被灌输知识的容器。传统教学模式普遍采用注入式、填鸭式的授课方式。教学组织形式和方法不够灵活，学生的学习方式仍然是机械地接受知识，学校的培养方式也是统一的培养模式，没有根据学生的不同来制定个性化的教学设计和教学模式。

建构主义教学理念的哲学基础则是由维柯、杜威、维果斯基、皮亚杰等哲学家发展的建构主义。建构主义认为，与其说知识是名词，不如说它是动词。建构主义者认为，知识是一个不断认知、体验和构建的过程。知识不是对于外部世界的表征，而是由个人创造出来，用来理解亲身经历、构造意义的。学习的过程就是知识构建的过程，是在一定情况下，针对无法满足需求的知识进行质疑、探求、构建和协商的过程。教学就是创设有助于意义建构的学习环境，创设有助于交流协商的学习共同体。与传统教学理念的重知轻行不同，建构主义教学理论提倡知行合一，其目标是令学生获得高阶知识，促进学生实践能力的发展。在建构主义教学模式下，师生是双主体和互动对话的关系。建构主义教学理念倾向的技术应用观是"用技术学习"，主张把信息技术作为学习工具。它克服单一的以讲授为主的班级形式，超越传统的"讲中学""坐中学"，而是走向"例中学""做中学""探中学"和"评中学"，最大限度地丰富学习资源、时空、方式和体验，以提高教学成效。

二、新型大学英语教学模式理论框架

纵览 3 种教学理念可以发现，它们共同强调两个核心要素，即学习环境的创设和教学结构的转变，同时，它们相互依托、相互补充。

（一）学习环境的创设

多模态、多媒体、多环境理论中，强调创设更能让学生获得多模态充盈体验以及进行模态转化学习的环境；计算机与外语课程生态化整合理念强调创设生动的数字化学习环境；建构主义的教学理念强调创设有助于交流协商、意义建构的环境。这3种环境实际上彼此相容，甚至通过彼此来实现。

首先，如顾曰国教授所指出的，当今教学实践中，多模态学习经常依靠多媒体学习来实现，而数字化环境是多媒体学习的必要条件。

计算学理论构成的理论框架优势在于系统、细致，因此以其为基础建立的教学模式具有较强的可操作性和可证伪性。该框架在理论层级上有完整的跨度：它有位于基础层面的哲学立场，有处于可证伪层面的模态转换学习假说。与其他研究中经常提到的"自主""互动""计算机辅助"等或模糊或复杂的变量不同，模态的多少或者转换作为一个变量更容易控制、分离与测量，因而在教学设计中更容易实现，在教学实验中更容易验证。

在以此理论框架为指导建立具体的教学模式过程中，容易出现一些问题。首先是在教学模式设计中，教师、学生、计算机之间的互动往往不够。某些网络教学内容仅是课本的翻版，而不是让每个学生都真正成为参与者和贡献者。此外，部分学校的技术环境仍有欠缺，也是阻碍教师、学生、计算机之间充分互动的一大障碍。另外，在这样的教学模式下，计算机和网络成为书本一样的教学必需品，如何保障硬件和软件条件、维持系统良性运转也是不得不考虑的问题。最后，是教师的角色问题。计算机技术的广泛应用不代表教师作用的淡化。事实上，在本研究提出的理论框架中，教师仍是学习共同体中的重要一员，而不仅仅是计算机开启者和网络维护者。过分地依赖机器，教学就将流于一种技术的展示。当然，这些问题在单纯以建构主义理论或计算机辅助语言学习理论为基础建立的理论框架下也同样容易出现。如何在教学模式设计实践中，真正践行某种理论框架，是所有大学英语教学单位需要花费大量脑力、精力，甚至是财力才能解决的问题。

以计算机和网络技术为基础，对大量音频、视频资源进行有效的收集、处理、整合、存储、传输和应用的数字化环境，几乎可以自然而然地促使学生进行多模态学习，数字化环境在某种程度上成了多模态学习的充分条件。另外，鉴于在建构主义视域下，知识作为个人经验的合理化以及个体与他人经过协商后达成一致的社会建构，主要是通过互动来搭建，借助计算机和网络技术使教师与学生、学生与学生之间的联系显著加强的数字化学习环境有助于交流协商、有助于意义建构的环境。

（二）教学结构的转变

在传统教学理念和模式中，教师是主动的传授者，学生是被动的接受者。在建构主义教学理念下，学生与教师同样具有主体地位；在计算机与外语课程生态化整合理念中，学生是主体，教师是主导；在多模态、多媒体、多环境理论中，教师的主要作用在于创设环境以帮助学生获得充盈体验并进行多模态学习，实际上暗示了学生为主体、教师为引导者的观念。3 种理念的共同点是都赋予了学生主体地位。另外，生态化整合理念和多模态、多媒体、多环境理论，都将计算机和网络视为除了教师和学生之外的教学结构组成要素。

（三）不同教学理念之间的关系

建构主义的知识观和学习观是多模态、多媒体、多环境理论和生态化整合理念的哲学基础。反过来，多模态、多媒体、多环境理论和生态化整合理念是在现代教育技术飞速发展的情况下对建构主义教学理念的一种细化。另外，生态化整合理念和多模态、多媒体、多环境也具有同样的基础和细化关系。生态化整合理念提升了计算机技术在外语课程中的作用，从而扩大了多模态、多媒体、多环境学习在外语学习中的比例。多模态、多媒体、多环境学习理论，特别是模态转化学习假说，则给出了在数字化环境下教与学的一个可能方向。

在此基础上，可以勾勒出现代教育技术的新型大学英语教学模式。此新型教学模式的最大特点在于环境的创设和教学结构的改变。这里的环境指的是可以触发模态转换学习的数字化环境，这也有利于意义构建的环境。教学结构的改变则体现在新型学习共同体的建立上。在该新型共同体中，教师、学生、计算机具有同样重要的地位，且任意两者之间都可以进行互动。学生在互动中获得充盈体验、进行模态转换学习的机会。

时任教育部高等教育司副司长刘贵芹在"2012 年教育部高等学校大学英语青年骨干教师高级研修班"上总结了近年来大学英语教学改革中存在的问题，其中一个便是部分学校仍然停留在以教师讲授为主的单一教学模式，大学生学习的积极性、主动性、创造性没有被调动起来。刘贵芹提出，创新大学英语教学模式是未来大学英语改革的突破口，是提高教学质量、增强大学生英语综合能力的关键所在，而大学英语教学模式的创新，要有合适的理论框架指导。

新型大学英语教学模式理论框架整合了多模态、多媒体、多环境理论、计算机技术与外语课程生态化整合理念以及建构主义的教学理念，以环境的创设和教学结构的改变为主要特征，以多模态体验和模态转化学习为实际操作的着力点。该框架具有深层哲学基础和可证伪层面上的假说，既充分考虑以计算机和网络技术为代表的现代教育技术飞速发展的大形势，又具备系统性和细致性，可真正指导教学模式的构建。

第三章　大学英语口语教学多维探究

第一节　大学英语口语教学

一、口语教学现状

虽然大学英语口语教学在改革中获得了一定进步，但在学生和教师两方面仍然存在着很多问题，严重阻碍了学生英语口语水平的提高和英语口语教学的发展。

（一）学生方面的问题

1. 自信心不足

在应试教育的影响下，初、高中的英语教学都将重点放在了阅读和写作上，对英语口语的重视程度不够。这就导致学生的语言基本功不够扎实，语音语调不够规范，语用能力薄弱，学生对自己的口语表达缺乏信心等现象。在大学英语课堂上，学生会因担心不能准确回答和表达，而不愿回答教师的问题或参与交流活动。他们常常表现得十分低调，而且自我评价不高。学生一旦对口语练习产生排斥心理，就会对口语学习表现出消极的态度，进而阻碍其口语能力的提高。

2. 缺乏学习动机

目前大学生对口语学习的积极性和主动性不强。调查表明，学生对口语学习有不同的动机。一方面，许多学生学外语的内在动机仍然是为了通过考试，然而不论是高考，还是大学英语期末考试，或是大学英语四、六级考试，基本采用笔头考试，没有考试的刺激，学生对口语练习的重视程度自然不足；另一方面，绝大部分的学生都愿意同来自英语国家的人进行交流，但是却对深入了解和研究英语国家的文化没有多大兴趣，也没有真正想过要融入他们的生活。这说明他们对英语口语水平的要求并不高，他们认为自己生活在汉语环境中，没有必要为了交际而实践所学的第二语言。显然，缺乏学习动机的学习是很难提高口语水平的。

（二）教师方面的问题

1. 教学方法滞后

目前大学英语口语教学的形式虽然有所改进，但教学方法却依然传统陈旧。在口语教学中，教师习惯性地采用传统的"讲解练，习运用"的教学模式，学生在没有语境的情况下做大量机械的替换、造句等练习。这些练习看似体现了教学的规律，实际上却制约了学生自主性，根本无法有效地锻炼口头表达能力。在课堂上也往往是教师讲得多，而学生练习的机会少，教师一心想着按时完成教学计划，而忽略了学生对口语学习的积极性和自主性，使学生常处于被动和消极的学习状态，甚至有些教师将口语课变成了自己的口语练习课，而将学生置于教学的边缘。这样的教学方式既不能为学生创造良好的口语学习环境，也不能很好地激发学生学习的动机和兴趣，学生很难从中体会到学习口语的乐趣，无法很好地锻炼口语表达能力。

2. 汉语授课

提高英语口语能力的一个重要方法就是多听、多说。由于受限于各地区教学条件、师资力量等，学生的英语水平参差不齐，口语水平也不平衡。为了使所有学生都能跟得上教学进度，很多英语教师不得不放弃用英语授课，减少了学生用英语进行交际的机会。另外，大学英语课时少，学生平均每周只有四个学时的英语课，时间紧、任务重，既要照顾到精读与泛读，又要兼顾写作与听力，为了追赶教学进度，同时还要应对大学英语四、六级考试，教师也多用汉语讲授知识点。

3. 纠错方式欠妥

学生在学习中会经常出现错误，教师及时去纠正也是无可厚非的，而且几乎所有的学生也都希望教师能够对自己在交际中存在的错误进行及时的纠正，但是一定要注意方式。一方面，在交际过程中，如果每当学生出现交际问题，教师立马就去纠正，这样很容易打断学生的正常思路；另一方面，大学生的心理已逐渐成熟，而且自尊心比较强，过多的纠错会对他们的自尊心造成严重损伤，进而使他们出现紧张、焦虑的情绪。教师要用宽容的态度来对待学生在交际中出现的错误，因为即便是用母语进行交流，也会出现口误、停顿的情况，更何况是用英语表达，没有必要要求他们说得非常流利。在实际教学中，很多教师一旦发现学生犯了错误，就忍不住去纠正，这种频繁的纠错会使学生非常尴尬，也会使学生失去表达的积极性，进而影响学生口语能力的发展。

二、口语教学的内容

口语教学的根本目标是提高学生的口头交际能力。要实现此目标，首先必须明确口语教学的内容。口语教学的内容主要包括语言形式、语言文化、会话策略与技巧三个方面。

（一）语言形式

语言形式包括语音和语调、词汇和语法等。

1. 语音和语调

口语教学的内容首先应是正确的语音和语调。语音和语调包括各种语音知识与发声技能，如音节、重读、弱读、连读、送气、减弱、意群、停顿等。语音和语调有一定的表意功能，人一开口说话，就涉及语音和语调，如轻重缓急、高低起伏、音调音质等。单词、句子的语音和语调发生变化，句子的意思也会发生变化，有时甚至意义相差甚远。如果语音含糊不清，或语气语调使用不当，往往会造成他人的误解。

2. 词汇和语法

词汇和语法主要指完成口头交际任务所需要的词汇和语法知识及表达能力。英语语言讲究语法规则，要准确表述一个句子，合适的词汇和正确的语法是必要条件。缺乏必要的词汇和语法知识，说话者就难以准确地表达自己的意思，甚至会语无伦次，听者缺乏一定的词汇量和必要的语法知识，也无法正确理解说话者的意思，交际活动就难以继续下去，因此，口语教学内容必须包含词汇和语法。

（二）语言文化

语言是文化的载体，所有语言都在一定程度上反映了其所属民族的文化，因此，在口语教学时还应注意文化对语言的影响。这种影响主要表现在两个方面：一是对词语意义结构的影响；二是对话语的组织结构的影响。学生要想真正掌握英语，做到交际得体，就必须掌握一定的文化知识，包括普遍适用的文化规则和不同文化之间的交际规则。

（三）会话策略与技巧

为了使用英语得体地进行语言交际活动，学生在练习英语口语时必须学习、掌握一些会话策略和技巧。会话策略和技巧包括具体谈话中话轮的启动，保持、转变与终止策略，也包括引起注意、表示问候、抱怨、道歉、宣布，请求、邀请、解释、倾听和理解、插话、回避、转码、求助等技巧。为了进行得体的交际，英语口语教学必须有一些会话策略和技巧的运用。

三、口语教学的原则

（一）系统化原则

听、说、读、写四项技能是英语学习过程中一个相互联系的统一体，各种技能之间相互交叉、相互影响、相互制约，因此，口语教学必须与其他技能相结合，才能取得较好的教学效果，而不能孤立地进行。听和说的结合使学生熟悉地道、真实的语言，有助于学生纠正自己的语音、语调，并为学生语言输出提供语言材料。读和说的结合有利于学生积累大量的语言素材，为自己的语言表达打下基础。写和说都属于语言输出，先写后说可以确保说的准确度，有利于增强学生的自信心，某项技能的提高会带动其他技能的提高，因此，各项技能必须有机结合、相互刺激，口语教学才能得到快速、高效发展。

（二）循序渐进原则

英语口语表达作为一种语言技能，需要通过逐步的、系统的训练进行培养。在整个英语口语教学中，不同阶段的教学应该有不同的目标、内容、重点、难点和方法，教师需要由浅入深、由易到难、由机械模仿到自由运用循序渐进地进行。如果不考虑学生的英语水平就设定过高的目标，会使学生在开口时产生畏难情绪，使学生失去兴趣，学生达不到目标就会产生挫败感，从而打击学生的学习积极性；如果目标过低，则会使学生觉得口语练习毫无挑战性，逐渐对口语训练失去兴趣。

（三）互动性原则

语言使用能力是在交际互动中发展起来的。教师在英语口语教学中，不能将口语训练视为机械的训练，而应该认识到口语训练是一种互动的操作训练。互动性原则强调的是动，也就是围绕某一话题进行有意识的、动态性的练习。学生只有在互动的口语训练中，才能有效提高自己的口语表达能力。

口语互动的内容主要包括引出话题、话轮转换、请求澄清、请求重复、获得注意、获得帮助、结束谈话等方面。掌握这些口语策略与会话技巧将有助于交际活动的顺利进行，取得预期的交际目的。如果教师在口语教学中总是单纯地采用提问的形式，大部分学生就很少有机会开口表达，这样互动交流的效果往往并不如人所愿。为了使所有同学在课堂上都能够参与进来，教师应该多开展学生与学生之间的互动训练活动，如对话练习、小组讨论、角色扮演等。这类活动互动性较强，可以为学生提供更多独立交际的机会和时间，而且面对彼此熟悉的同学，学生更容易放松，这有助于他们克服交际的焦虑感，从而培养学生的独立性、创造性等。

（四）情景化原则

语言的运用总是在一定的情景和场合下进行的，口语教学的目标之一就是使学生能够在不同的情景下说出得体的语言。在英语口语教学中，教师要重视情景的运用。情景可以帮助学生理解交际的场景，也可以帮助指导学生正确使用语言。设置一定的情景进行口语练习，不仅可以检查学生能否恰当使用所学语言，而且可以让学生学习在新的场景下创造性地运用语言，同时可以帮助学生在现实生活中碰到类似交际场景时能够应对自如。

教师在设定情景时，最好设置学生感兴趣的话题或是贴近学生生活经历的情景，因为这些话题或情景能使学生产生强烈的参与意识，增强学生参与口语交流的兴趣。例如，可以设定在家中吃饭的情景，让学生讨论饭菜是否好吃，讨论某一道菜的做法，或者谈论饭后的活动安排。然而，要设计学生感兴趣的话题、与学生的生活息息相关的情景并非易事。为此，教师要充分考虑学生交际的愿望和目的，设计有趣的主题或话题，把学生感兴趣的话题融入口语教学内容中。

（五）平衡流利性和准确性原则

英语学习的目标之一是让学生能够用英语准确而流利地表达自己的思想。口语作为一种产出性技能，既要求表达流畅，又要求表达准确，更要求表达得体，因此，教师在口语教学中应该强调流畅性、精确性和得体性。教师应多提供一些能够鼓励学生自由地使用语言、模仿真实语言的练习机会，以便训练学生语言的准确性、流利性。一个真正的口语熟练者，既要求讲得自然、得体，又要求说得流利、准确。不过，在现实的交际活动中，交际活动的双方最关心、最注意的是信息的传递，尽管会出现一些不完整的、带有语法或逻辑错误的句子，但这并不影响交际活动的顺利进行。在某些情境下，说话者可能只说一个词，听话者就已经完全明白其意思了。

总之，教师在进行口语教学时，不必要求学生的表达必须一词不差。即使对一些必须纠正的口语表达错误，也应当在学生讲完以后再进行纠正，不宜为了纠正学生的错误而不断地打断学生的讲话，否则将会导致学生因为害怕犯错误而不敢开口。

（六）课堂内外兼顾原则

课堂内外兼顾是指口语教学不仅要注重课堂，还要兼顾课外。课堂的时间是十分有限的，能够分配给英语口语教学的时间更是少之又少，只依靠课堂时间难以有效提高学生的英语口语能力，因此，口语教学需要与课外活动相结合。

课外活动是课堂教学的继续和延伸，是课堂教学的补充。教师不仅要注重课堂教学，还应该组织课外活动，为学生提供、创造条件，指导学生在不同场合运用所学知识进行正确、恰当、流利的口语操练，如组织英语角、英语演讲比赛、英文唱歌比赛等，让学生通过这些课外活动复习、巩固所学的知识，培养学生说英语的兴趣，培养和提高学生的英语表达能力。这类课外活动没有课堂上紧张的气氛，更能够降低学生的焦虑感，保证了学生交际的积极性和信心，提高口语交际的质量和数量。

四、口语教学的方法

（一）口语游戏教学法

口语游戏不仅可以吸引学生的注意力，使学生对口语学习产生浓厚的兴趣，还可以使学生在锻炼口语表达的同时学习到相关的语法知识。教师在口语练习中可以为学生穿插一些语法知识。

（二）流程卡教学法

流程卡教学法即让学生根据流程卡上的提示完成对话，这样的教学方法可以使教师对口语教学的整个过程进行调控。教师将所学材料的内容制作成流程卡，将学生分为两组，将不同的流程卡分发给两组学生，学生根据流程卡的要求进行活动。

（三）角色扮演教学法

角色扮演是口语训练中经常采用的活动形式。教师应为角色扮演提供一个语言环境，角色之间必须进行交流，只有交流才能实现信息的传递，顺利完成任务。角色扮演为学生留下了足够的自由发挥空间，使学生能充分表达自己的想法。

第二节 建构主义应用于大学口语教学

一、建构主义的概念

建构主义是西方教育心理学的一种教学理论。它由认识发展领域最有影响的瑞士著名心理学家皮亚杰于20世纪60年代最先提出。俄国杰出的心理学家列夫·维果斯基接受了皮亚杰关于学生怎样通过与他人一道解决问题而建构对现实的理解这一看法，强调认知过程中社会文化情景对学生的作用，他是社会建构主义最具影响的人物。20世纪70年代末，以布鲁纳为首的美国教育心理学家将维果斯基的思想引入到美国，对美国建构思想的发展起了极大的推动作用。目前，无论是国外还是国内的学术界，建构主义都是一个重要的概念，而且，也是非常有影响的学术思潮。这一思潮自20世纪90年代初传入我国，就成为教学改革者向传统教学模式提出挑战的有力武器。在外语教学界，建构主义教学理论首先被广泛地应用在多媒体英语教学中。建构主义强调，知识是对客观世界的一种解释或假设，它包括：任何一种传载知识的符号系统都不是绝对真实的表征，它不过是人们对客观世界的一种解释、假设或假说，它不是问题的最终答案；知识并不能绝对准确无误地概括世界的法则，也不能对任何活动或问题都提供解决方法。在具体的问题解决中，知识是不可能一用就准，一用就灵的，而是需要针对具体问题的情景对原有知识进行再加工和再创造。

建构主义理论最早可追溯到古希腊哲学。从心理学角度看，建构主义理论是行为主义理论发展到认知主义理论之后的又一个新的发展阶段，是认知心理学理论的一个重要分支。建构主义理论已经在许多领域产生了重大影响，教育领域正是其影响最大的领域之一。建构主义学习理论是现代教育理论的发展和突破，它反对传统的知识观、学习观和教学观，提出了一系列独特的知识观、学习观和教学观。建构主义的学习观认为，学生在一定的情境即社会文化背景下，借助正确的学习方法及他人（包括教师和学习伙伴）的帮助，利用必要的学习资料，通过意义建构的方式而获得知识。建构主义学习理论的核心是：以学生为中心，强调学生对知识的主动探索、主动发现和对所学知识意义的主动建构，强调的是"学"。建构主义认为，学生要想完成对所学知识的意义建构，最好的办法是让学生到现实世界的真实环境中去感受、去体验（即通过获取直接经验来学习），而不是仅仅聆听别人（如教师）关于这种经验的介绍和讲解。在建构主义学习理论中，学生始终处于主动探索、主动思考、主动建构意义的认知主体位置。学习是一个积极主动的建构过程，人脑不是被动地学习和接受外在的信息，而是主动地选择一些信息，忽略一些信息，并从中得出结论；学习是通过新旧经验的相互作用而实现的，在个体经验建构的过程中，为了适应不断扩展的经验，个体的图式会不断进化，在这种个体与经验世界的对话中就建构起了所有的知识；学习不是简单的行为主义的刺激—反应过程，而是通过同化和顺应两种途径来建构个人意义的过程（同化是指学生将外在的信息纳入已有的认知结构，从而丰富和加强已有的思维倾向和行为模式。顺应是指学生原有的认知结构与新的外在信息产生冲突，而引发原有的认知结构的调整和变化，从而建立新的认知结构的过程）。学习就是一个同化、顺应，再同化、再顺应的循环往复的过程；建构主义的学习观认为"情景""协作""会话"和"意义结构"是学习环境中的四大要素。建构主义的教学观强调，教学要以学生为中心，因为学生是认知的主体，是知识意义的主动建构者，而不是外部刺激的被动接受者和知识的被灌输对象，教师只是对学生的意义建构起帮助和促进作用；协作学习对意义建构起着非常关键的作用，所谓学习的协作化就是指学生在小组或团体中为了完成一个共同的目标，有明确的责任分工的互助式学习；情景对意义建构有非常重要的作用，因为学习总是与一定的情景相关联的，学生可以在实际情景下，利用自己原有认知结构中有关经验去同化和顺应当前学到的新知识。建构主义学习理论倡导在教师的指导下以学生为中心的学习方式，它既强调学生的认知主体作用，又不忽略教师的指导作用。它不仅要求学生由外部的被动接受者和知识的灌输对象转变为信息加工的主体、知识意义的主动建构者，而且要求教师要从知识的传授者、灌输者转变为学生主动建构意义的帮助者、促进者。

建构主义下的教学模式应该是"以学生为中心，在整个教学过程中教师起组织者、指导者、帮助者和促进者的作用，利用情境、协作、会话等学习环境要素充分发挥学生的主动性、积极性和首创精神，最终达到使学生有效地实现对当前所学知识的意义建构的目的"。科学的建构主义的学习理论以学生为中心，注重学生对所学知识的意义建构，提倡协作学习与互动教学，为大学英语口语教学提供了新的理论依据。以建构主义理论为基础的英语口语课堂教学能够明显提高学生学习英语口语的积极性，促进课堂交流和协作，有利于培养学生的英语思维能力和语言产出能力。

二、建构主义理论下大学英语口语教学模式的构建

建构主义对解决目前我国大学英语口语教学中存在的问题有很多有益的启示。在建构主义教学理念的指导下，大学英语口语教学改革也应以构建"以学生为中心"的教学模式及多元口语评价体系为方向，倡导协作学习与互动教学，注重学生对所学知识的意义建构，以帮助学生真正实现其意义构建主体的地位。以学生为中心的大学英语口语教学中，在设计口语活动和任务时，应尽可能将真实的生活情境、真正的交际目的和角色有效结合起来，使学生感到自己是置身于现实的交际环境中，所谈论的话题是与生活实践相关联的。要对活动和任务进行分析和评估，尤其是模拟真实场景，接近生活现实，使学生能有感而发、有话可谈，从而激发他们参与交际活动的兴趣和动力。同时，教师要合理安排教学内容和活动，增加课堂交际的信息差，以任务型教学法代替传统的机械操练，从而提高学生在真实社会环境下的交际能力。教师在进行英语口语教学时，应加强口语意识的导入，充分认识书面语和口语的差别，不能将口语等同于书面语的口头表述。教师应该以学生的交际目的和需要为出发点，建构交际情景，制造信息差，并要求学生通过交换所知信息，填补信息差，完成交际活动与任务。

（一）改革传统观念，重新确定教师作用

在以学生为中心的口语教学模式中，虽然口语课活动的主体是学生，但教师在课堂上也不能给出谈话的话题后就只当听众，相反，教师是口语教学的促进者和组织者。首先，口语教师应有较高的教学组织能力，只有充分准备、精心组织才能吸引更多的学生参与，才能达到开展口语教学的目的。其次，教师是示范者、引导者、解难者。教师在口语教学活动中给学生以正确的示范，应根据学生的个体差异，积极引导学生大胆尝试，开展讨论，并在必要时给予帮助，使学生能顺利完成口语任务。再次，教师是合作者、鼓励者。教师要通过参加学生交际活动，帮助他

们解决交际中出现的实际问题；在学生讨论中尊重学生，鼓励学生大胆发言，帮助他们树立运用语言进行交际的信心。另外，教师还应该是纠错者。除了反馈学生语言形式上的问题外，教师还要指出学生在交际策略运用方面的问题。适当的纠错能够让学生练习口语，同时能提高读、写、译的能力。

（二）在尊重学生个体差异的前提下，组织课堂教学活动

基于建构主义理论，在以学生为中心的口语教学中，教师应充分了解学生智力水平、认知风格、性格特点等方面的差异。Jane Amold 的研究表明，口语教学中的结对子活动和小组活动等合作语言学习的组织形式具有许多优点：①学生在小组中进行交流时的焦虑程度远远低于当着全班同学回答问题的焦虑程度；②合作学习可以促进小组成员之间的情感交流；③在交流中，学生获得更多的可理解的语言输入，同时也向其他学生提供类似的语言输入；④小组成员之间的相互合作和相互依赖有助于增强学生的自信心和自尊心；⑤合作学习中，学生得到更多的积极反馈和帮助，从而激发更强烈的学习动机。

如果教师对学生有足够的了解，在大班的英语口语教学中，就能合理地分组结对，也就能更好地发挥学生的性格、能力、学习习惯等方面的互补作用。这样就能营造一种轻松自然的学习氛围，帮助学生克服学习焦虑情绪，调动其学习积极性，还他们一个自由表达的空间。

（三）课堂活动和任务的设计要尽量真实

根据建构主义学习观，在真实的情景中，学生才能对所学内容进行有意义的建构，才能有效地同化和顺化所学的知识。在以学生为中心的大学英语口语教学中，设计口语活动和任务时应尽可能将真正的生活情景、真正的交际目的和真实的角色有效结合起来，让学生置身于现实的交际环境中，使学生有语言素材可以表达，从而激发他们参与交际活动的兴趣和激情。在设计情景时，可以从故事、时事或常识开始自然引出要练习的情景。情景可以从最基本的初次见面、道歉、告别，到问路、购物、看医生，再到应用性更强的酒店用餐、机场登机等。

在给出参考事例、句型、词汇的基础上，要增加跨文化交际和社会常

识等实用型的知识，使学生感到语言形式不再枯燥乏味，而是真正感到有实用的需要，进而主动去建构自身关于某场景的语言能力和交际能力。

（四）组织丰富多彩的英语第二课堂活动，营造轻松活泼的英语学习氛围

通过课前对学生自主性的培养，课前及课内对学习兴趣和动机的开发，个性及口头交际自信心的建立，重要知识结构的构建，学生已具备了在课后自主巩固知识、拓展知识的兴趣和能力。在课堂学习以外，教师可以有计划地组织内容丰富、形式多样、精彩有趣的英语第二课堂活动，例如，可以举办英语演讲比赛、英语原版电影配音大赛、英文歌曲比赛和课文朗读比赛以及英语角活动等一系列的丰富多彩的第二课堂活动，这些在帮助学生学好英语方面有着不可低估的作用。另外，在课下鼓励学生选择一个相对固定的练习伙伴，加入一个相对固定的学习小组，以完成不同的学习任务，在互助合作中交流学习。除面谈、电话交流以外，利用校园网网络资源的优势，以 E-mail 的方式与教师和同学在课下沟通，或在班级聊天室里"会面"。师生间、生生间可以探讨学习方法、教学方式，可评点、可建议，还可以分享好的学习资料。这种互助合作的学习方法的意义不仅在于帮助学生在交流、互助中高效学习，还在于培养学生的团结互助精神、集体参与意识和社交能力。

三、建构主义理论下大学英语口语教学实践的研究

建构主义教学理念重视个人体验，强调学生的主体性和参与性。建构主义注重在近乎真实语境中的学习，而不是脱离真实语境的抽象讲解。建构主义强调知识要在特定情境中被掌握和使用。目前，国内大部分大学英语教材所配套的听说教程或单元内容设计过于简单，相关语言信息输入太少，这就要求教师与学生通过各种渠道多方搜集与所学单元话题相关的各类信息，并设计出与此相关的多种口语活动，让学生接触更多的可理解的真实语境，为学生创造足够的语言输出的机会，不断提高学生的语言和语用能力。此外，英美文化背景也是语言知识输入的必要部分。语言是交流的工具，更是文化的载体，语言的学习在某种意义上也是对文化的了解。大学非英语专业学生并未开设有关英语民族文化和风

俗习惯的专门课程，这就要求在大学英语教学过程中除了要有大量的语言知识的输入，还需要输入一定的关于英语民族文化和风俗习惯的背景信息，以帮助学生了解相关的文化背景。通过对文化背景知识的介绍和文化差异的注意，可以避免一系列语用失误现象的发生，增强语言得体性，最大限度地避免将母语使用习惯和母语的文化背景带入英语学习之中，从而提高学生的语言和语用能力。

（一）利用在线资源，构建自主学习模式

2004 年，教育部在《大学英语课程教学要求（试行）》中明确提出了对于大学英语教学模式进行改革的要求，各高等学校应充分利用多媒体和网络技术，采用新的教学模式改进原来的以教师讲授为主的单课堂教学模式。新的教学模式应以现代信息技术，特别是网络技术为支撑，使英语教学不受时间和地点限制，朝着个性化学习、自主式学习方向发展。另外，新教学模式在充分利用现代信息技术的同时，也要充分考虑和合理继承现有教学模式中的优秀部分。网络自主学习教学模式充分利用网络丰富的各种资源，为学生创造了一个进行自由探索和自主学习的学习环境，通过教师的帮助和学生间的相互协作，充分利用各种信息资源，实现学习目标。在网络自主学习中，学生始终是学习的中心，学习的目的是满足自身对知识的探求，而网络课程的情景创设和课程设计等也体现了建构主义教学理论的要求。大学英语教学改革强调个性化教学和自主性学习，是对传统大学英语教学模式的一次革命。基于网络平台的大学英语自主学习模式是建立在建构主义教学理论上的符合大学英语教学改革要求的重要实践。互联网技术和多媒体技术的不断成熟为大学英语教学提供了更多的语言信息资源，拓宽了多种知识输入和输出的渠道，并提供了多种语言使用的真实语境。大学英语口语教学应充分利用网络资源，将课内与课外结合起来，将教学内容与学生的现实经历和具体语境结合起来，为学生创造更多的语言输入和输出的机会，充分体现学生在学习中的主体地位，在网络自主学习的教学实践中培养学生自主发现问题、解决问题的能力，培养学生协作学习的能力，不断提高学生的口语交际水平和英语综合应用能力。

（二）培养交际策略，促进语言交际

交际策略是交际能力的一个重要组成部分，交际策略可以分为两类：一是通过语言口头表达的语言性交际策略，包括回避策略、解释策略、有意转换策略和请求帮助策略；二是通过动作表达的非语言性交际策略或副语言交际策略，非语言交际是一个交际双方使用各种身体行为，组织和传递信息、表达特定语意的过程。交际策略影响着交际渠道的畅通程度和学生口语的流利程度。有意识地培养学生的英语交际策略，运用策略解决口语交际中的实际问题，能够使学生获得更多的语言输入和输出的机会，切实提高学生口语交际的水平，增强学生参与交际活动的自信心。学术界普遍认为，在培养中国大学生口语交际能力的过程中，交际策略能力的培养不可或缺。在大学英语口语教学中教会学生如何有效地使用交际策略非常重要，它可以促进交际渠道的畅通，为谈话双方建构良好的交际氛围，帮助学生克服交际困难，增强自信心，从而促进第二语言习得，真正提高学生的口语交际水平。教师应当重视交际策略的教学与研究，为社会培养更多的实用型人才。在大学英语口语教学过程中培养学生的语言交际策略是一个长期而复杂的过程，需要教师和学生坚持不懈的共同努力。首先，教师应使学生系统地了解交际策略的有关知识，并通过大量的实例介绍，让学生分析比较各种交际策略的特点及应用。其次，教师应在日常口语教学活动中创造多种语境，让学生在具体语境的对话交际中实践交际策略，使学生在实践中体验学习各种交际策略的正确方法。

（三）增设口语选修课，推进口语考试改革

实践证明，设置口语课程，可以促使学生和教师重新审视口语教学的重要性，提高师生在思想和行动上对大学英语口语的重视程度。口语课程的设置注重学生的口语操练，有利于培养学生的产出性语言技能和英语综合表达能力，促进教学改革顺利进行，提高英语教学质量。在设置口语课程的同时也要加强立体化的英语课程体系建设，运用多媒体技术和网络资源，为学生创造真实的语言环境，营造口语表达的氛围，可以通过开设选修课来实现，如开设英语影视文化、英文歌曲赏析、英语

演讲与辩论等课程。口语考试作为教学检验评估的手段，在口语教学中不可或缺，起着重要作用。例如，某大学在大学英语教学改革活动中将口试列入每学期期末大学英语考试的必要内容，取得了良好的效果。学生期末口语的测试包括3部分内容：第一部分是阅读，给学生3分钟时间阅读一篇短文并回答3个问题，其中前两个问题属于展示性问题，即有标准答案的问题，学生可以在所读短文中找到相关答案，此类问题主要用于检查学生的已有知识和对所读短文的理解和掌握情况。第三个问题是参考性问题，即没有固定答案的问题，主要用于检查学生对所读短文相关问题的理解，具有交际性。第二部分是复述，要求学生对本学期所学综合教程课文中的一篇进行复述，用于检查学生的知识掌握情况和语音和语调，以及话语连贯程度。第三部分是回答问题，要求学生在3分钟的准备后，对3个本学期所学单元话题的有关问题进行自由阐述式的回答，每个问题回答时间为3分钟。这种口语考试方法的改革促使学生在课后自愿结成小组，互相纠正语音和语调，认真练习，并且对各单元话题进行深入讨论。学生协作学习的热情空前高涨，学习英语的积极性和主动性得到了提高，英语口语学习的良好动机也得到进一步激发。

（四）充分考虑学生的个体差异

在以学生为中心的口语教学中，教师应该充分了解学生的智力水平、认知风格、性格特点等方面的个体差异，做到在备好教材的同时备好学生，并在此基础上，寻求最佳的形式来组织课堂交际活动。研究表明，结对子活动和小组活动形式是开展大班口语教学的可行之路，能够更好地为学生提供语言实践的机会。如果是一个班有40或50人的大班，即使教师每次安排10分钟的课堂时间，一学期下来，每人最多也只有两次课堂交际的机会。在需要大量实践的口语课上，这显然是不够的。假如教师能在每个单元之后或之前安排半小时的口语小组活动，每4个人一组，那么每人就有机会说8分钟左右。每小组还可安排一名秘书记录，学生也可提问等，教师可抽查一些组的情况。这种分组活动的语言也具有即兴和灵活性，远比一人发言、众人等待的模式好。小组活动解决了人数多、时间少的矛盾，而且这种活动也为学生营造了一种宽松的说英语氛围。虽然学生想开口说话的愿望是强烈的，但阻碍他们开口说话的心理障碍也很大。受各种因素的影响，学生在全班同学面前讲英语时会很紧张、拘谨，这影响他们正常的口语表达。在结对子活动和小组活动中，面对的只有一名或 3 名同学，因此也不怕"出丑"了。他们的自尊受到保护，气氛也轻松下来了。这样就会大大增强学生口语交际的愿望，提高交际能力的自信心。另外，在大学英语口语大班教学中如何分组搭配，就需要教师对学生有足够的了解，以便在结对子活动或小组活动结构上更好地发挥学生的性格、性别、能力、学习风格等方面的互补作用。Green 等人发现，四人小组最适合进行流畅的交际，而且交际的成功主要取决于会话参与者对话题的熟悉度。此外，同一小组中性格内向的学生容易因为其他外向学生而感到压力，失去信心；外向学生则容易因感觉不到进步，而产生厌倦感。因此，无论是二人小组还是四人小组，要想取得效果，同一小组的成员最好是语言能力和性格类型接近的学生，交际任务最好能引起学生对某些语言形式的注意。反之，语言水平相差甚远的小组成员中，高水平者受益过小，容易失去交际兴趣，低水平者虽然受益，但也可能因为跟不上高水平学生的交际速度而失去兴趣，乃至信心。同时，教师应该运用有效的任务策略，使大班中不同程度的学生都能完成适合自身学习情况的任务，从而给他们带来成就感并产生更高层次的学习需求。

第三节　语言输入输出理论应用于大学英语口语教学

一、语言输入输出理论的提出

（一）克拉申的输入假说

克拉申认为，可理解输入是第二语言习得的唯一途径，并提出理想语言输入应当符合"i+1"公式（i 为现有水平，1 为略高于 i 的水平），教学的主要任务是提供充足的可理解输入，其中包括学生已经掌握的语言知识"i"，又包括新的语言知识"1"，"i"和"i+1"之间的差距是学生学习的动力所在。语言输入材料的难度要稍高于学生现有的水平"i"，"i+1"学生为了懂得新输入的语言材料，会求助于以前的知识经验或利用语境、上下文等进行判断。通过努力，学生理解了语言输入中"难以理解的成分"，从而使语言习得取得进步。学生的语言能力不是教会的，学生只有通过接受可理解的输入来提高语言能力。如果学生接触到的语言输入是可理解的，并且有足够的输入量，学生就能自动地获得必要的语法。语言教师的最大职责是让学生接受尽可能多的可理解的语言输入。在人类学习或习得语言的实践中，吸收总是领先于表达，也可以说输入总是领先于输出。这是一条普遍的规律，本族语和外语的学习都是如此。

（二）斯万的输出假设

斯万认为，语言学习过程中应强调语言输出的重要性。输出不仅可以提高语言的流利性，而且还具有使学生集中注意力、进行假设验证和自觉反思等调整自己学习策略的功能，从而提高使用语言的准确性。说和听同属一个语篇层次，写和读同属另一个语篇层次，其中说和写是输出形式，其特点可用"生产性"来表述。斯万提出了"可理解输出"假设。他认为，说和写的语言产出性运用有助于学生检验语句结构和词语使用，促进语言运用的自动化，有效地达到语言习得的目的。当学生用英语表达意思时，不得不主动地调用已学过的英语知识，斟酌语法规则的运用，琢磨词语的搭配，掂量词句使用的确切性和得体性。通过说和写，英语知识不断得到巩固并内化，为英语技能的全面发展铺路。学生若具备这种内化的英语能力，只要对其发音辅以必要的训练，口语就有可能很快跟上。

外语学习实际上是一种非自动的信息处理认知活动过程。该过程分为5个阶段：输入→注意→分析→记忆→输出。认知心理学家认为，大脑对输入信息的处理方式有自下而上和自上而下两种信息加工模式。自下而上的模式注重细节特征，是一系列由低级到高级，即由字词解码最终获取信息的过程。自上而下的模式突出整体结构的识别，强调长时记忆中存留的背景知识经验在理解中的作用，是一个假设、检验和证实的过程。这两种方式相互联系、交互作用并且同时加工，从而在词法、句法、语篇等不同层面上共同促进了对输入信息的理解。先前获得的知识经验，或称"图式"，是理解输入信息的关键所在。如果图式丰富、清晰，则假设合乎实际，辨认速度加快，理解深刻；相反，如果图式呆板、模糊则辨认迟缓，理解发生障碍。可见，学生接受信息不是一个被动的机械过程，而是一个复杂的心理过程和积极主动的思维过程。教师的任务是组织学生对输入的信息进行准确、快速的理解，并逐渐培养学生的理解能力。学生在习得外语时，对语言学习的输入输出可以是多方位的。在语言学习的准备阶段、语言的学习阶段以及语言的落实与扩展阶段都可以引导学生参与，进行部分或全部的语言输入输出。从信息论的角度来看，听、读和情景感知是语言的积累，是信息的输入，而写和说则是综合利用词汇、内化的语法规则进行信息输出。输入是输出的基础，学习英语首先要有足够且丰富多彩的信息输入。要实现课堂互动必然要求加大语言信息的有效输入。根据英语语言学家的测定，一个人的词汇量低于 6000，就难以进行有效的交流，因此，继续强调阅读和语言知识的输入是正确的。信息的输入要适合大学生的年龄特征，要具有新、快和专业化的特点。这样学生会感知到整个教学过程的强烈节奏，他们会主动接受信息的输入和体验愉悦的氛围。教师的信息应贴近生活、贴近行业的最新动态，促进学生口头表达能力的培养，使课堂互动具有真实性、实效性。

以往中学英语的教学特点体现为"听读领先，说写跟上"，在处理"四会"关系上吸取了自然教学途径的内核。然而在经过长达近十年英语学习后的大学阶段，若仍然只强调"输入"，对"输出"置之不理，那就意味着片面强调知识的积累，往往满足并停步于"把知识灌入大脑"，轻视把知识应用于说写技能的训练过程中。语言的主要功能在于交流。也就是说，外语作为一种交流的工具，更重要的是运用。语言知识只有在不断使用和交流过程中才会被消化吸收并内化为活的语言机制。如果只强调打基础，强调阅读、语言输入和积累，不展开交流，不进行输出，就会影响学生学习的兴趣和动力。当学生发现经过长期学习所积累的语言知识不能转化为实际运用能力时，他们那种学了也派不上用场的失望感是很强烈的。从小学、中学到大学，一直是语言输入，在这种学习模式下，大学生学习英语的兴趣下降、厌学情绪、逃课现象相当严重。因为他们已经具有一定的阅读水平和语言水平，有强烈的交流和使用语言的愿望，最需要的是运用语言的机会，因此，在大学里完全有必要改变传统的教学模式，突出对说和写能力的培养，让他们用英语学习专业知识。实践已经证明，到了一定的阶段，只有将英语学习同其他知识的学习结合起来，让英语成为汲取其他知识的一种工具，学生的积极性才能继续保持下去，因此，在大学阶段最重要的是训练如何输出。

二、关于输入与输出方式的理论探讨

（一）不干预理论

主张不干预的学者主要有 Epstein Flynn 和克拉申，其中由克拉申提出的"输入假说"属于比较典型的不干预理论。"输入假说"认为，人们习得语言的唯一方式是理解分析输入材料的语义，在普通语法的作用下，人们只有通过借助提供的"可理解输入"和降低情感过滤屏，才能将二语习得变得像学习母语一样自然流畅。在"输入假说"这种自然理论的引导下，元语言知识对二语习得只是起到检测的作用，对二语习得意义不大，为此教师对语言形式没有必要进行分析。由于输出是对学生现有知识的展现，不是二语习得的必要条件，"输入假设"认为无须对输出进行鼓励。简单地说，不干预理论认为除了为学生提供"可理解输入"外，无须对二语习得的其他过程进行干预。但是该理论在促进其他研究时仍然存在许多疑问，比如一语习得可以在短时间内迅速获得成功，而二语习得在实践中却屡屡遭遇困境，虽然不干预理论学者做出不懈努力但却收效甚微，这是因为一语习得与二语习得在使用环境、学习动机和知识储备层面存在明显差异，进而导致二者习得规律存在区别。

（二）干预理论

虽然有许多分歧在干预理论派别内部存在，但是二语习得被普遍认为是一项信息处理的过程。其本质与其他知识学习过程相似。干预理论学者主张对习得过程实施干预，强调理解语言形式的重要性，将鼓励输出作为二语习得的动因。首先，语言形式的理解与 Schmidt 提出的"注意假设"认为仅依靠下意识是无法对二语习得进行解释的，只有注意才能促进输入转化为输出。Epstein 认为语义理解不一定导致习得。干预理论学者认为必要的互动才能让学生认识到自身的不足，进而注意语言形式、提升习得效果。另外，学者强调理解语言形式的变化规律和功能，比如 Gass 创建的二语习得模式，详细地阐述了解释语言信息是如何通过理解、感知被人类语言系统吸收，同时强调语言层次分析越透彻、理解越明确，越有利于理解语意。其次，明示性干预好于隐含性干预。隐含反馈和明示反馈是干预的重要表现形式，干预学派学者认为明示反馈的效果好于隐含反馈。隐含反馈与明示反馈的主要区别在于引发学生注意和理解形式错误的程度不同，隐含反馈无法让学生对错误形成正确认识，不利于学生进行改正和提高，而明示反馈却可以让学生知道哪里错、为什么错，及时改正自身的不足和缺陷。

要想获得输出就必须进行输入，在二语习得过程中为了获得更好的输出效果，教师应该在自然环境下让学生进行习得，还是在有意义干预下让学生进行习得，不同的学者对此观点不同。

1. 自然环境下的输入

所谓的自然环境下的输入是指在目标语言和文化频繁接触的过程中，学生在不知不觉的过程中掌握第二语言，其中自然环境具体是指平等、自由、轻松的二语习得环境。作为一种自然环境下的教学方法，沉浸式的教学方法在加拿大的法语教学中取得了巨大成功，通过该种教学方法学习的学生，其学习策略能力和语篇能力与法语母语学生的水平相近。

2. 教师干预下的输入

所谓教师干预下的输入是指在输入过程中对学生进行有意干预，加深其对输入材料的印象和注意。比如克拉申和 Bialystok 通过在中介语中的研究，认为二语习得中的正规指导有必要给予重视，同时将知识分为隐性知识和显性知识；Green 和 Hech 通过实证证明了隐性知识与显性知识之间的互动关系，并发现某些规律可以让学生判断哪些规律效果好。为此，在教学中教师要采取干预性措施，让学生努力接受显性知识，促进显性知识向隐性知识转化，不断将知识转变为能力，提高学生的语言运用能力。

进行有效的语言输出能够巩固学生所学的语言知识，并提升学生的语言实际运用能力。所以"说"这一过程是非常重要的。虽然学生在思想上认同口语的重要性，但在现实生活中，绝大多数学生还是不愿意在公开场合用英语与人交流，在教室里也不例外。

3. 创造性输出

斯万的研究开启了语言输出在二语习得中的系统研究。斯万通过对加拿大法语沉浸式教学的研究提出可理解"输出假设"，认为输出具有提高语言流利度、注意力、假说验证、自省的功能。另外，Chomsky 提出的"普遍语法"理论认为学生都会创造未学过的话语和句子，而影响创造性输出的因素是多方面的，除了需要输入信息对原有知识进行激活，还需要进行加工和处理，最终采用一定形式表现出来。

4. 机械性输出

行为主义下的 S-R 模式认为不断地刺激才能产生学习。这种理论在语法教学中被广泛运用，教师先进行语法规则的传授，再让学生在教师的干预下进行操练，这是一种机械式的输出方式。另外，部分辅导书会为学生提供写作模板，让学生借助模板进行作文写作，虽然写作模板会限制好学生的思维，但可以帮助基础薄弱的学生提升其语言功底从而促进二语习得，可见某种意义上机械性的输出更有利于学生掌握所学知识。

5. 提供可理解性的语言输入

"可理解性的语言输入"要求教师在课堂上使用的语言不能过于简单，也不能过于难，所以在课堂内容讲解时需要教师不能死板，不能照搬书本，而是要根据学生的实际情况和教学内容需要灵活使用各种各样的语言形式和肢体手段，以达到使学生充分理解课堂内容的目的。首先要准备大量有趣的实用材料。大学英语教材中每单元的听说部分都是围绕一个主题展开的，教师在备课的时候，可以多搜索一些时下与该主题相关的比较有趣的现象和事件、比较流行的观点等吸引学生的兴趣，与此同时还要注意挑选一些相对比较简单但很适合日常使用的参考资料等。其次，将课堂内容与学生所关注的内容结合起来。在课后与学生交往的过程中，很多学生都表达了对等级考试的重视。针对他们的心理需求，教师可将单元主题与四、六级考试考点内容及实际运用结合起来。例如，外语教学与研究出版社出版的新视野大学英语教材第二册第一单元 Reservations 里的对话主要是围绕预订进行的一些相关话题，预订内容涉及酒店预订、会议预订、车辆预订等。这类话题不仅在四、六级考试的听力中作为场景题出现，而且在日常生活中也是非常实用的，教师在课前准备的时候就可以结合语言资料和一些四、六级考试中的真题对话，在听力训练开始之前，强调该话题的重要性，以此将学生的注意力吸引过来，在讲解听力材料的时候，对一些使用频率高和范围广的单词和句型加以解说，并进行相关补充。在完成课本上的听力材料之后再进行一些真题训练，巩固该课学习的内容。通过将课堂内容与学生所关注的内容结合起来更有助于提升听力训练的效果，再让学生模仿听力材料编对话进行口语操练，这样不仅提高了应试能力，还锻炼了口语能力。

三、语言输入输出理论下大学英语口语教学模式的构建与实践研究

（一）构建大学英语口语教学模式的要点

建立科学的教学模式应考虑到以下几点：教育目标是培养适应国际经济发展和对外交流需要的跨世纪英语人才；教学过程要符合英语学习的客观规律和学科特点；要完善科学的教学大纲，并对建立科学的教学模式起指导和建设性作用；教学模式要符合本校建设和发展的具体情况。

（二）大学英语口语教学模式的实践研究

很多大学生在英语口语交流中的最大问题是想说的东西不会用英语表达。这是因为积累太少，输入量还不足以产生输出。根据克拉伸的输入假说，输入必须是学生理解的，且量必须充分。学习英语口语，大量的语言输入是十分必要的，但是实现语言输出、提高语言能力，就必须依靠英语口语的时间作用了。大学英语包括听、说、读、写、译 5 个方面，它们并不是独立存在着，而是相互间存在着紧密联系，缺失任何一个技能都不能够获得完整的英语能力。掌握听、说、读、写、译 5 个方

面的技能对英语口语训练有着很大的帮助。在口语教学过程中,要将听、说、读、写、译都运用到口语交际上来,由浅入深,由单人表达到交互式语言交流。具体的实践活动如下。

1. 进行趣味性的口语练习

教师在上课前,可以组织学生上讲台进行口语即兴表演;利用多媒体播放一些优美的英文歌曲并带领学生学唱或组织一些猜谜语活动,这样不仅活跃了课堂气氛,也使学生在一开始就有好的心情,减少他们对英语口语学习的焦虑和紧张心理。

2. 分享生活趣事

教师每次在进行新内容教学前,可以安排学生用口语的形式把生活中有趣的事情分享给大家。在进行这一活动时,要特别注意口语的质量,提高学生的英语口语水平。

3. 看图说话

无论是在翻译练习还是在口语练习中,图像教学都是大学英语教学中必不可少的内容。教师可以根据教学内容收集大量的图片,让学生通过看图,把图中所体现的信息用口语准确地表达出来。

4. 复述优美语段

复述也是大学英语教学的一个重要方式,在口语教学中,教师可以选择一些易理解的语言输入材料,让学生思考并运用自己的语言概括和复述材料,这样不仅能提高学生对语言的组织、概括能力,也能提高学生应用英语口语的能力。

第四章　大学英语翻译教学多维探究

第一节　大学英语翻译教学

一、翻译教学的内容

翻译教学的主要内容，包括以下部分。

（一）翻译基础理论

学习翻译基础理论能够帮助学生从宏观上把握和决定组织译文的思路。翻译基础理论知识包括对翻译活动的认识、翻译标准和翻译过程的了解、翻译对译者的要求（即译者的素养）、工具书的运用等。下面重点介绍翻译过程。张培基在《英汉翻译教程（修订版）》（2009）中将翻译过程分为三个阶段，即理解、表达和校核。

1. 理解

译者在理解原文的过程中，要解决以下三个问题：第一，要理解原文中涉及的事物的背景知识和相关知识；第二，要理解和分析句子间的逻辑关系，这样可以帮助我们理解靠语言分析不能解决的问题；第三，要理解原文的语言现象，即对一些词语、短语、成语和表达方式的正确理解，特别是对多义词的理解，弄清其含义。

2. 表达

表达是把译者理解了的内容传达出来。在这个过程中要处理好以下三组关系：第一，处理好忠实与通顺的关系，在翻译的过程中要力争做到两者兼顾；第二，处理好内容与形式的关系，翻译时尽量同时传达出原文的内容与形式，无法两者兼顾时，放弃形式，传达语义；第三，处理好创作与翻译的关系，在翻译过程中，译者要时刻提醒自己是在翻译别人的作品，尽量克制自己的创作欲望和语言风格，不能随心所欲按照自己的喜好搞创作，要尊重原作者的创作，又要尊重译入语的语言规范。

3. 校核

此阶段是理解与表达的进一步深化，是对原文内容进一步核实、对译文语言进一步推敲的阶段。尽管我们在翻译时会十分细心，但译文难免会有错漏或字句欠妥的地方。在审校阶段应该特别注意以下几点：人名、地名、日期、方位、数字等方面有无错漏；译文的段、句或重要的词有无错漏；修改译文中译错的和不妥的句子、词组和词；力求译文没有冷僻罕见的词汇或陈腔滥调，力求译文段落、标点符号正确无误。

通常情况下，译完之后，至少需要审校两遍：第一遍主要审校内容；第二遍着重润饰文字。只有这样，译文才算是定稿。

（二）英汉语言对比

英汉语言对比不仅在语义、词法、句法、文体篇章这些语言层面上对英汉两种语言进行比较，掌握其异同，还要进一步在文化层面、思维层面进行英汉对比，以便在翻译过程中完整、准确、恰当地传达出原文的信息。

中西方在人称代词的顺序上有很大的不同。中国人受孔孟儒家礼教学说的影响，在汉语里强调"尊人卑己"，因此，在人称同时出现时，"我"常常出现在最后。在英语中，由于受罗马文化、希腊文化和希伯来文化的影响，第一人称"I"始终是大写的，以凸显其"个人中心主义"的特征。汉语里强调"吃苦在前，享乐在后"，而英语中则表现为"The first in danger as the first in fame"，意思是"吃苦在前，享乐也应在前"。

（三）翻译技巧与翻译实践

翻译技巧就是为了保持译文的通顺，在内容大致不变的前提下，对原文的表现方式和表现角度进行改写的方法。常用的翻译技巧有调整语序、转换词性、正译与反译、增补与省略、主动与被动、句子语用功能的再现等。

翻译实践实际上就是如何在翻译理论的指导下更好地进行翻译，因此，如何科学、合理地构筑翻译学的理论体系，并将其运用到翻译教学中，也是翻译学研究的重要课题之一。

二、翻译教学的原则

（一）循序渐进原则

翻译活动应当遵循由浅入深、循序渐进的规律，所选的语篇练习也应该是先易后难，从学生最熟悉的内容、最了解的题材入手。这样由浅入深，学生学习起来自然会有信心，并且会逐渐培养起对翻译的兴趣与热爱。

（二）题材丰富原则

当今社会需要的是实用型、综合型的翻译人才。因此，为了适应社会各方面对翻译人才的需求，翻译练习的材料应该多样化和系统化。例如，翻译的文体应该涵盖应用文体、新闻文体、广告文体、法律文体、文学文体等，学生应对每一种文体都能基本做到触类旁通。教师还要对每一种中英文文体的功能和特点进行介绍，以便让学生了解，并在练习中加以体现。此外，文体翻译练习并不是单一进行的，可以将翻译中常见的问题与各文体的练习结合起来。例如，某类翻译问题在某种文体练习中出现得比较多，在其他文体中则出现得较少，教师就要及时解决这些问题，将问题的解决与文体语篇的练习结合起来。

（三）培养翻译能力与翻译批评能力相结合原则

教师在培养学生翻译能力的同时，还要注意提高学生的翻译批评能力。批评能力是指对别人的译作进行客观的评价，既要点评优点，也要批评缺点，还可以对错误的地方进行修正。这样做有利于学习他人的长处，并反思自己的错误，避免以后再犯。因为学生能够对别人的译作进行翻译批评时，也就能对自己译作的优劣心知肚明了。

（四）翻译速度与翻译质量相结合原则

翻译教学的目的在于培养学生的翻译能力，既包括技巧的掌握、译文质量的保证，还包括较快的翻译速度。在实际的翻译活动中，常常会有催稿、急稿的情况发生，如果翻译速度太慢，可能会完不成翻译任务。因此，在翻译教学过程中，教师要经常提醒学生有意识地提高翻译速度。例如，教师在教学过程中可以经常做课堂限时练习，如英译汉练习的量可以先从每小时 200 个左右的英文单词开始，以后逐渐增加到每小时 250 ~ 300 个英文单词甚至更多。此外，对于课后练习也可以让学生尽量在规定的时间内完成。

（五）注重实践原则

翻译教学离不开实践。要想学生掌握翻译技能，教师就必须要求学生进行一定量的练习，每周至少要练习翻译一篇文章，让学生在练习中去感受、思考，想办法解决问题，从教师的讲评中把这些感性的经验和自己思考的结果上升到理论。通过不断的实践、思考和总结，学生分析问题和解决问题的能力才会不断提高，翻译能力和水平也会不断提高。翻译教学的重点就是对学生翻译过程的关注，帮助、训练和鼓励他们解决理解、表达和审校过程中遇到的具体问题。只有这样，才能让学生在以后的工作岗位中不断学习和探索、独立解决翻译实际中的问题，这样培养出来的学生才会有学习能力和创造能力。

三、翻译教学存在的问题

翻译作为一种教学活动，是为学生打下良好基础的有效教学手段，也是考查学生综合能力的标尺。但是我国目前的大学英语翻译教学还没有受到足够的重视。从 1985 年到 2004 年我国大学英语教学主要经历了四次教学大纲的调整，前两次的调整主要是强调培养学生的阅读能力，在第三次的调整中虽然重新提出对学生翻译能力的培养，在翻译能力方面要求兼顾到学生英译汉和汉译英两方面的能力，但是其重点还是放在培养学生有较强的阅读能力和一定的"听、说、读、写、译"能力上。第四次调整中的教学目标集中在培养学生的英语综合应用能力，尤其强调听说能力的培养。由此可见，翻译在目前大学英语教学中没有受到足够的重视。翻译在英语学习中确实起着重要的作用，它与"听、说、读、写"的能力是密切相关的，提高翻译能力也会促进学生其他几个方面能力的提高。同时，翻译可以帮助学生理解中西方文化差异，丰富英汉语言文化，促进语言能力的提高，因此翻译教学在大学英语教学中起着重要的作用。当前翻译教学的现状却不容乐观，存在诸多问题，主要表现在以下几个方面。

（一）沿袭传统的英语教学内容，无法激发学生的学习兴趣

随着科学技术的迅猛发展和社会的不断进步，学生的思想意识和观念从根本上发生了深刻的变化，学生需要更多新鲜的教学内容来激活他们的学习动力。由于在英语翻译教学中仍大量沿袭传统的精读教材，这些教材与学生的生活脱节，而能够反映当今时代的科技、外贸、影视等生活题材的教材严重缺乏，致使学生的学习兴趣锐减。

（二）忽视对英语文化知识的了解

我们在英语的教学中很少触及与英语相关的文化知识，致使学生对西方民族文化的习惯、信仰、价值观等方面的背景知识知之甚少，在学习中没能进一步了解英语单词在不同句子中的不同意思，只会按照字面上的意思去翻译。由于缺乏对西方文化的了解，再加上母语的语言习惯和思维惯性，在具体的翻译过程中，时常会出现想当然的误译。

（三）教学方法滞后，有待进一步改进和完善

长期以来，我国教育教学方法深受传统教学理念和模式的影响，这在英语翻译教学中非常明显。目前的英语翻译教学仍拘泥于"教师举例—学生试译—教师评价"的方式，教学过程中仍以教师为中心，知识和技能单向传授，英语教师在课堂上先对英语翻译的理论和技巧进行讲解，然后再找一些类似的句子和段落让学生去学习翻译。这种教学方式忽视了过程的重要性，使得教师与学生之间，学生与学生之间的交流、讨论和互动相当有限，不仅无法充分发挥学生的主体作用、调动学生学习的积极性，而且也无法全面了解学生的不足之处，造成学生翻译能力偏差，非常不利于英语翻译教学水平的提高。

第二节 新媒体时代翻译教学的微观探析

一、语言认知与翻译教学

著名语言学家沃尔夫认为，语言和人们对世界的看法之间有着密切的联系。他的观点是：世界以万象纷呈的印象流形式呈现在我们面前，主要经过我们大脑中的语言系统加以组织。我们切分自然，将其概念化，并赋予不同的意义，因为我们已经就此达成了协议，此协议支配着整个语言群体，并以语言的模式形成了规则。那么，不同民族由于对世界的认知模式不尽相同，所使用的语言表达模式也就不尽相同。翻译作为两种语言之间转换的具体形式，势必涉及不同民族的认知模式。一方面，由于不同民族认知的是同一个世界，因此翻译是可行的。雅各布森也曾说过，一切认知经验及其分类可以在任何现存的语言中进行传达……语言的认知水平不仅认可作为重新编码过程的翻译，而且直接需要这种翻译。另一方面，不同民族对同一个世界的认知模式不尽相同，所以在表达语义和语法方面也就不尽相同，这势必会对翻译造成很大的障碍。中英文这两种语言由于承载了两个不同民族的认知模式，所以在对这两种语言进行互译的过程中，译者必然会进行更多的变通，在保持原文语义信息不变的情况下，在传达语义信息的语言形式以及整个句法结构上做到照顾译入语读者的认知模式，这一点在翻译教学中应该引起重视。

（一）语言、认知模式与翻译之间的关系阐释

由于两种语言背后的认知模式不同，所以不同的语言在词义和句法结构上往往会存在差异，对翻译产生不同的影响。

不同民族对事物的反应首先表现在用词方面，不同民族对事物或事情的词汇表达必须放在对世界的认知语境下进行考察，根据邦维利安的观点，在某些词汇范畴内，进行跨文化比较可以发现人们对宇宙认知上的基本差异，不同的民族在语言上有着不同的"背景设置"或"文化预

设"。所谓"文化预设"，即语言互动的参与者遇到了其文化的系列知识和理解（模式），这些知识和理解（模式）通过语言表达和传播。文化预设是人们通过经验进行学习，也就是通过文化适应的过程积累起来的。有些文化预设是很复杂的，由此决定了语义认知模式的复杂性，所以翻译时就会产生障碍。邦维利安还指出，由于语言具有暗含象征的一面，一种文化中的说话人表达的全面含义无法得到另一种语言中说话人的理解。要了解一个民族的世界观或价值体系，有必要理解这个民族使用的语言中的文化象征符号。这就说明为什么从一种语言到另一种语言的翻译总是无法做到完全精确，单个词是可以翻译的，但这些单词在上下文中的全部意义不容易传达出来。

其次，认知模式也会决定语言的语序、句法结构和表达的视角。沃尔夫认为，任何语言的结构都包含对世界结构的认识。邦维利安指出，语言组成部分的排列顺序通常具有认知意义。不同的语言背后，由于不同民族对世界的认知模式不一样，所以在一个民族中看来是重要的应该放在句子首位的东西，在另一个民族看来，却不一定放在首位。例如，汉语的地名和时间排列一般从大到小，英语的排列一般从小到大；汉语中头衔和职位一般放在人名前面，而英语中头衔和职位往往放在人名的后面；汉语多用前置定语，英语多用后置定语；英语多用严格的主谓句，汉语除主谓句以外，还有一些无主句和主题—评述句等，这和语言背后的认知思维有很大的关系。正如辜正坤认为，印欧语与汉语句法结构鲜明地表现了不同民族的思维—心理结构模式。他认为印欧语的民族思维模式为：由内向外、由小到大、由近到远、由微观到宏观、由个别到整体、由具体到抽象；而中国人的思维模式为：由外向内、由大到小、由远到近、由宏观到微观、由整体到个别、由抽象到具体。翻译时应该照顾到译文读者对语序和句法结构的心理认知模式。

如果语言表达模式是相同的，如所使用的语义意象或句法结构是相同的，翻译就非常简单。在更多的时候，正是因为不同语言的使用者对世界的认知模式不同，从而造成了语言中所使用的语义意象或句法结构不尽相同，使翻译面临障碍。因为翻译总是要进行的，所以奈达曾经说，翻译就是翻译意思。一般说来，只要意思表达清楚了也就达到了翻译作为交流手段之一的目的。关于不同语言之间的翻译之所以可行，弗劳利总结出三种观点：第一种观点认为，不同语言群体在使用意义时参照物是一样的，这个参照物就是宇宙本身；第二种观点认为，人类对世界的认知方式相同；第三种观点认为，语言本身有共通之处。实际上，笔者认为，第三种观点只能说明翻译的具体操作中可以在译入语中找到对应的表达方式，也就是说，如果源语中有一种表达方式 X，那么因为语言的相通性，所以可以在译入语中找到与 X 相对应的表达方式 Y。例如，英文 table 可以在汉语中找到对应词"桌子"，但这并不能说明翻译是否可行，也就是说，第三种观点并不能解释英文的"table"为什么能在汉语中找到对应词"桌子"这个问题。前两种观点实际上都是关于人类对世界的认知问题，只不过是一个问题的两个方面，即认知内容和认知方式。我们完全可以这样解释：使用不同语言的两个民族都把这个世界作为参照物，并且把对这个参照物的认知方式反映在语言上，而它们有时是相同的，有时又是不同的。笔者认为，并不是说只有在两个民族认知方式相同的情况下翻译才是可行的。有时候，认知的方式不同，但只要两个民族都熟悉某一概念，翻译也是可行的。比如，在翻译英文的 cheese 一词时，汉语读者只要熟悉"奶酪"这一词的概念，译者就能进行翻译。也就是说，从认知角度讲，翻译就是用相同或不同的语言表达模式传达出对同一事物相同或不同的认知模式。

只要认知的内容相同，我们完全可以用反映另外一种认知模式的语言来进行翻译，只不过需要进行调整以照顾到译入语的读者。格特就从认知的角度（关联理论）研究翻译，认为翻译作为一种交际行为，取决于话语的心理"语境"或"认知环境"，而这种"语境"或"认知环境"可以宽泛地解释为个人的知识、价值和信仰。重要的是，翻译对原文的忠实程度和译文的表达方式取决于其与译入语读者的关联。这一研究从关联的角度探讨了读者认知与翻译的联系，因为凡是翻译，一定会有很多的读者。按照奈达提出的"动态对等"理论，翻译必须为读者服务，所以译者要对译文进行相应调整以满足读者的需要，从而使译文读者对译文的感受等同于原文读者对原文的感受。可以说，只有与译入语读者的文化认知模式相吻合的译本对这个读者群而言才是一个好的译本。

（二）认知模式对翻译教学的启示

通过上文对语言、认知模式与翻译之间的关系的简析，可以看出对翻译教学的重要启示，那就是：翻译教学中要重视语言对比。关于翻译中要重视双语对比这一论断，学界基本达成共识。但近年来，随着翻译研究中的"文化转向"，语言对比在翻译教学中有所忽视。实际上，作为语言转换行为的翻译，在其教学中依然应该提倡语言对比，尤其是基于认知模式的语言对比，具体说来，表现在以下几个方面。

1. 翻译教学要重视语义对比并启发翻译学生词汇应用与认知模式的联系

如果两种语言中对同一事物或问题的认知模式基本相同，所使用的词汇表达模式也就基本相同，这时在两种语言互译时就比较容易找到对应的表达方式，否则，必须照顾到译入语读者的认知模式，变通地处理原文词汇，以达到翻译的交际效果。这一点说明，在英汉互译教学中，应该教会翻译学生认识到两种语言背后文化认知模式的异同，根据这一异同联系相关文本语境和文化语境来选择某一词语在目的语中的对等语，而不能简单地认为源语中的词语 X 在目的语中一定而且只对应 Y。尤其是对中国翻译学生而言，由于在英语学习过程中习惯于将英文单词按照某一中文意思记忆，所以在大学高年级学习翻译时，一看到某个英文单词马上就想到原来曾经记住的中文意思，殊不知在所翻译的语境中也许这个中文对应词并不合适。反过来也是如此，不能一看到某一中文词语马上望文生"译"，想到自己背过的某一英文单词，尤其是近义词中最先进入记忆的那个单词。翻译教学中要告诉学生洞察英汉两种语言背后的认知模式，认识到英汉词义由于认知模式的异同可以分为：对应关系（如 manly—有男子气的）、涵盖关系（如 brother—哥哥 / 弟弟）、交叠关系（如 food、cereal、grain 都有"粮食"的意思）、替代关系（如 brother-in-law—妻舅）、冲突关系（如汉语中的"功夫""风水"等在英语中没有对应词）。根据这些关系采取相应的对策，如针对涵盖关系和交叠关系可以采取对应翻译，而对于替代关系可以挖掘其真正含义，寻找真正的对应词，对于冲突关系则可以寻求音译或音义结合。总之，在翻译的词义教学方面，应鼓励学生多积累，多查阅英英词典，多分析词义和背后的认知模式，联系上下文，才不至于在翻译选词时出现令目的语读者感到"陌生"的译文，才不至于闹出笑话。

2. 翻译教学要重视语序和句法结构的对比

不同民族认知模式的不同使得他们在语言的语序和句法结构的安排上出现差异，在翻译教学中要让学生意识到英汉认知模式的不同导致了句式结构和语序的不同。翻译教师应该对英汉对比有一定的研究，尤其是对语序和句法结构的对比有一定的研究，并善于归纳总结英汉语在主要句子结构、定语位置、同位语位置、形容词顺序等方面的各种差异，教会学生在翻译过程中根据目的语的认知模式调整语序，从而获得地道的译文。王东风和章于炎指出，同一概念意义的若干句子会因为各自语序的不同而产生不同的主题意义，具有不同的交际价值。翻译既然要重视原意，就不能置这种意义以及传达这种意义的语序不顾。我们相信，揭示语序的表意功能和英汉语序的异同规律，将有利于提高翻译的质量和效率。从认知模式的不同可以看出，翻译过程中语序和句法结构的调整决定着翻译的质量和效率。

3. 翻译教学要重视表达视角的对比

中国的文字是直观型的象形文字，极具艺术性，而西方的文字是由字母任意组合而成的，所以抽象性较强。事实上，由于汉字的直观性，也造成了中国人认知的直观性，使得汉语表达的视角也比较直接，而英文句子的逻辑关系是非常严谨的，语法结构总是主谓关系。在翻译的过程中要根据译入语读者的认知模式对叙述的视角进行转换，这样才能真正获得通顺的译文。将英汉两种语言表达视角或重心的不同引入翻译教学，使学生意识到英汉句子的视角原来和认知模式有关，这种对语言表象背后认知模式的挖掘可以提高学生对语言的兴趣，从而调动学生对翻译的兴趣，以及对分析两种语言表达视角的兴趣。正如刘宓庆指出，在翻译实务教学中要让学生认识到这一点，对翻译实践中的句式分析和译句的主谓定位具有无可置疑的重大意义。

总之，不同民族对世界的认知模式不尽相同，所以其语言表达方式也就不尽相同。本部分从语言背后的认知模式入手，分析了英汉两种语言在语义表达和句法结构上的典型差别，进而讨论由此引起的翻译中对词汇和句式的处理问题。很多时候，翻译中应该根据译入语读者的认知模式对原语的认知模式进行变通处理，在保持原文信息不变的前提下，合理选词，适当调整句式和视角，从而使译文更符合译入语的认知模式，更好地为译入语读者所接受，以达到良好的翻译效果。将认知模式的对比引入翻译教学，可以提高学生对语言的兴趣，调动他们对翻译的兴趣及对词和句子分析的兴趣，从而可以提高学生的翻译水平，不知不觉也就提高了翻译教学的效果。

二、翻译中的文化迁移现象及教学策略

笔者对某大学英语专业三年级学生的一次汉译英作业进行了分析，发现英语水平不同的学生在翻译中出现的错误问题存在差异。英语水平好的同学语法错误较少，问题出现在词义和文化符号的传译上。英语水平不好的同学不仅在选词和文化传达方面出现错误，在语法上也会出现问题。不难看出，虽然英语专业三年级学生的英语水平较一般外语学生要高出很多，他们在英语的"听、说、读、写"方面已经有了很强的基本功，但翻译毕竟是一种双语的转换，原语的语法、词语的表面意义和文化符号的含义总是或多或少对译者的心理机制产生干预，这些干预就是语际迁移。

行为主义者认为，学生在学习一种新的东西时，会受到学生原有经验的干预。这种干预表现在外语学习上，很明显的一点就是母语对外语学习的干预，这种干预称为语际迁移。也就是说，个人会把自己母语的形式、含义以及文化迁移到外语当中去。语际迁移分为正迁移和负迁移。正迁移就是母语对外语学习的正面影响，使学生能按照母语的规则对外语进行正确的把握；负迁移就是负面影响，使学生按照母语的规则对外语进行错误的把握。由于语言之间的差异，语际负迁移在外语学习的初期表现得尤为明显。笔者从高年级学生的汉译英作业中发现，语际负迁移在汉英翻译的过程中依然是一个非常严重的现象，不能忽视。

（一）翻译中的句法语际负迁移及其教学对策

1. 句法负迁移举例及分析

笔者在翻译教学中发现，在大学英语专业高年级学生的翻译实践中，

句法语际负迁移现象依然存在。这种语际负迁移主要表现在对句法和句式的处理上。

举例如下：①一个文人，身后能达到如此的豪华气派，在整个地球上怕再也没有第二个。②但看看孔子的身世，他的生前栖栖惶惶的情状，又让我们文人感到了一份心酸。③遥想在四川参观杜甫草堂，听那里人在说，流离失所的杜甫到成都去拜会他的一位已经做了大官的昔日朋友，门子却怎么也不传禀。④尊诗圣的是因为需要诗圣，做诗圣的只能贫困潦倒。

句子①是主题—评述句（topic-comment sentence），这是汉语中的一种常见句式，但英语的句子一般都是主谓句（subject-verb sentence）。由于受到汉语句式的影响，学生不自觉地将这句话译成了："A scholar can achieve such luxuries after death is afraid to find a match in the world." 或 "A scholar can achieve such luxuries after death. There is no second one in the world."

不难看出，无论上述哪种翻译，都存在明显的语际负迁移现象，都是拘泥于汉语的结构而翻译的。第一种翻译完全错误，不符合英语的主谓句特点，还把"怕再也没有"译成了"is afraid to find"，显然也是错误的，因为"be afraid to do sth."在英语中是"不敢做……"的意思。第二种翻译虽然从英文来看是把汉语的主题—评述句变为了英文的主谓句，但由于受汉语结构的影响，英文将原文意思连贯的句子变成了两句，意思并不连贯。笔者认为，可以将错译修改为："On this planet there has been no other scholar who has enjoyed such luxurious posthumous respect."

对于句子②，有的学生也是受到了汉语句子的影响，将其直接译成 "Seeing/Looking at Confucius's life and his miserable situation makes us scholars sad." 这个英文句子中的主语是 "seeing/looking at." 这一动名词短语，可以理解为这个动作让我们心酸，意思显然是错误的，因为从原文看，让人心酸的是"孔子的身世"和"栖栖惶惶的情状"，这两者实际上又是一个意思，所以笔者认为可以将错译改为："Confucius's miserable/deplorable experience makes us scholars sad." 当然也可以用"我们"作主语，翻译为："When we look back, we cannot help feeling sad about

Confucius's miserable/deplorable experience/life."

句子③是一个长句，而且是无主句，实际上"遥想"和"听"的动作发出者都应该是"我"，可有的学生把汉语的结构直接移植到英译文当中，其译文是："Recalling my visit to Du Fu's Hut in Sichuan, people there told me that when Du Fu, homeless and destitute, went to Chengdu to visit one of his old friends who had become a high-ranking official, the doorkeeper refused to report his arrival." 这里，"recalling"的逻辑主语变成了"people"，存在明显的句法错误。还有的学生将之译为："Recalling my visit to Du Fu's Hut in Sichuan, I heard people there say that when Du Fu, homeless and destitute, went to Chengdu to visit one of his old friends who had become a high-ranking official, the doorkeeper refused to report his arrival." 我们知道，英语中的现在分词和整个句子的谓语动词一般都应该是同步的，这样的话，上文中"recall"和"hear"就成为同步进行的动作，显然是不合句法逻辑的。笔者认为，可以将错译改为："I recall a story told by the local people during my visit to Du Fu's Thatched Cottage in Sichuan. When Du Fu, homeless and destitute, went to Chengdu to visit one of his old friends who had become a high-ranking official, the gatekeeper refused to report his arrival."

对于句子④，有些学生是这样译的："Those who worship a sage poet because they need one, those who are sage poets can only be poor." 译文的前半部分很明显是把汉语的句式结构直接迁移到英文中来，译文并不是一个完整的英语句子结构，所以在句法上是错误的，后半部分的错误在于对"诗圣"单复数的理解。众所周知，中国历史上只有杜甫一个人被称作"诗圣"，虽然汉语没有形式上的单复数之分，但在英文里应该用单数表示，而且最好加定冠词，还要大写首字母。另外，这里说的情况应该属于过去，所以时态要改为过去式。综合起来，可以将错译改为："People honored him as the Poetry Sage out of their need, but he himself only lived in poverty."

从上述几个例子中可以看出，翻译学生汉译英的句法语际负迁移主要表现在把汉语的句式结构（非主谓结构）和语法（时态、单复数、冠词、分词短语的逻辑主语等）直接移植到英译文当中去，从而形成了句法的"中式英语"现象，这主要是由于两种语言的句式结构和语法存在差异造成的，为避免出现这种现象，教师必须在教学中采取一定的措施。

2. 教学对策——语言对比

以上问题主要是汉英两种语言在语法和句式上的表达习惯不同造成的。由于汉语思维模式已经根深蒂固，导致翻译学生难免在汉译英中出现这些问题。翻译课的重要任务之一就是要引导学生注重两种语言的差别，从而避免出现上述的语法和句法错误。针对这些问题，在翻译课中进行汉英对比教学就显得极为重要，因为只有对外语和学生的母语进行比较的教师才会更好地了解真正的问题所在，才会更好地教学。刘宓庆指出，翻译实务课堂教学的基本思路之一是：应着眼于双语对比，特别是双语差异，使学生深明"知己知彼，百战不殆"之理，实际上这也正是传播学的基本原理之一。刘宓庆进而认为，翻译的语言对比研究是双语学的课题。作为专业技能训练的翻译教学 TTPS（teaching of translation as a test of language proficiency）应该有比较语言学这门必修课。比较语言学之所以是必修课，是因为翻译实际上无时无刻不需要比较双语之异同。只有重视了两种语言的对比才能保证翻译教学的质量和水平。由于本科阶段英语专业的翻译课课时有限，不像翻译专业研究生阶段有英汉对比的课程，所以笔者建议在翻译教学中加入汉英语言对比的内容，让学生在翻译实践中把握汉英两种语言的差异，势必会促进其翻译技能的提高，优化其译文的表达质量。笔者也是如此实践的，特别是语法对比这一环节，主要通过讲授汉英两种语言在句法结构上的差异，让学生在翻译过程中有意识地避免出现语法负迁移现象。具体内容包括一系列专题，如形合和意合、被动与主动、主谓句与主题句/无主句、后置与前置等。通过这些专题，让翻译学生了解：英语是形合语言，汉语是意合语言，所以汉译英时需要添加连接词，英语被动语态使用得比汉语频繁，所以汉译英时要注意是否应该把主动变为被动；英语句式结构严格，除祈使句可省略主语外，一般都是主谓句，而汉语的主谓结构可以不那么严格，有很多主题句和无主句，所以汉译英时要注意是否需要添加主语，并保持主谓一致；英语的修饰成分除单词外，短语或句子一般后置，修饰成分可以向右无限延伸，而汉语的修饰成分一般前置，所以汉译英时应注意合理安排修饰语的位置，注意从属关系，尤其是定语从句。

（二）翻译中的语义语际负迁移及其教学对策

1. 语义负迁移举例及分析

如果说语言是一座大楼，语法就是这座大楼的设计框架，而词汇便是这座大楼的建筑材料，可见词汇在语言中的重要性，正如英国语言学家威尔金斯所说，即使没有语音和语法，也可以传达出一些信息，但如果没有了词汇，就不能传达任何信息。英汉两种语言形成的环境不同，所表达的思维不同，使用词汇就会存在差异。同时，词汇的意义随着社会实践的深入不断发展变化，所以词义传达正确也是取得良好翻译效果的重要一环。汉英两种语言的词汇，有的是意义一一对应，有的是意义交叉，还有的是意义完全相反。在汉译英实践中，学生往往"望词生义"，把汉语词汇的表面意义迁移到英语当中，从而出现了选词不当的现象。

2. 教学对策——根据语境选词，善于使用工具书

任何语言都有一词多义的现象，之所以会产生这样的现象是因为存在不同的语境，即同一个词在不同语境中其具体含义会有所不同，甚至完全相反，因此语境一直是词义研究的重要因素。

巴尔胡达罗夫将上下文分为狭义上下文和广义上下文。所谓狭义上下文是指句子的上下文，即在一个句子的范围内该单位周围的一些语言单位。所谓广义上下文是指该单位超出句子的范围的语言环境。后者可以是句群、断落、章节，甚至可以是整个作品。巴尔胡达罗夫还认为，上下文对解决语言的多义性问题起着非常重要的作用。也就是说，上下文可以使某个多义词只有一个意义，从而使译者在译语中的几个可能的对应词中选定最恰当的一个。笔者认为，因为词的内涵意义、外延意义、词义的广狭和感性色彩都受到语境的制约，所以通过语境理解词的意义，可以在目的语中找到内涵意义和外延意义、感情色彩相对应的词。另外，根据语境，有时可以找到固定搭配，通过固定搭配理解词义便容易多了。在翻译教学中，不应忽视语境问题的探讨，不依赖语境的翻译很多时候必定是荒唐可笑的。在翻译教学中要培养学生的"语境意识"，摒弃"望

词生译"的习惯。刘宓庆指出，对翻译而言，重要的问题不仅是对语境的功能的认识，而且还必须培养自己对语境的判断能力。问题很简单，只有自己具备判断语境的能力，才能在操作中做到适境；如果对自己笔下的文章处于什么语境都浑然不知，当然谈不上符合"言必适境（译必适境）"的要求。

通过语境理解了词义之后，还要在目的语中找到意义对等的表达方式。一般说来，翻译学生可以从自己积累的词汇中搜寻到相应的表达方式。但是，汉译英作业中出现选词不当的情况往往是因为学生没能在自己积累的词汇中找到恰当的表达方式。这时，工具书的作用就凸显了出来。高等学校英语专业的教学大纲对于八级要求也有明确的规定:能独立使用各类工具书和参考书，并有效地通过计算机网络查阅资料，获取知识。笔者认为，在翻译教学中，教师应指导学生合理利用工具书。在汉译英的选词方面，教师应该指导学生不仅能使用较为权威和收词全面的汉英词典，还能够通过英英词典对比近义词的内涵意义、外延意义、词义的广狭和感情色彩等，从而为某个汉语词找到恰当的英文表达法，而非把对汉语的理解直接迁移到英译文当中。

第三节　跨文化交际与大学英语翻译教学

近年来,很多学者对在翻译教学中应融入跨文化意识已经达成共识。科学技术的日新月异、国际交往与合作的日益密切，促使跨文化交际成为当前社会生活中必不可少的一部分。翻译作为跨文化交际的桥梁，在信息传递的过程中起着至关重要的作用。语言是文化的载体，也是传播文化信息的重要渠道，一种语言文字译成另一种语言文字就要不可避免地涉及大量的文化内涵。翻译不仅涉及语言问题，也涉及文化问题。这就要求教师在翻译教学过程中不断地向学生传播不同的文化知识，采取多种多样的教学方法，培养和提高学生的跨文化意识。只有这样，才能从根本上提高学生的翻译能力和跨文化交际能力。

一、跨文化交际能力

跨文化交际能力是进行成功的跨文化交际所需要的能力，指与不同文化背景的人进行有效的、适宜的交际能力。跨文化交际能力是跨文化交际领域中的一个重要研究课题，人们要了解跨文化交际能力的内涵，必须注意以下两个重要概念：一是交际的有效性，二是交际的适宜性。前者是指人们通过交际行为达到预期目的的能力，后者是指人们在特定的社会环境或场合使用最合适的交际行为的能力。

跨文化交际能力一般包括三个基本因素：情感因素、认知因素、行为因素。这里的情感因素是指跨文化交际过程中人们的情绪或态度。例如，具有跨文化交际能力的人们在进行跨文化交际活动之前、进行的过程中和交际活动结束之后都能表现出积极的情绪。他们承认文化差异的存在，尊重不同文化之间的差异，具有较高的跨文化敏感度。同时，他们对自己持有理性客观的认识，能够克服交际时的紧张情绪，愿意开诚布公地表达自己，愿意做个忠实的听众聆听对方的意见。认知因素是指跨文化意识，即人们在对本国文化和外国文化的理解的基础上形成的对周围世界认知上的变化。行为因素指的是人们进行有效的、适宜的跨文化交际行为的各种能力和技能，如获取语言信息和运用语言信息的能力，如何开始交谈、在交谈中如何进行话题转换以及如何结束交谈的技能，以及移情的能力等。

布莱恩·斯比茨伯格对交际能力的特点和构成进行了说明：交际能力体现于个体在特定场合中得体、有效的交际行为中。在跨文化交际语境中，交际双方共同点减少，差异增多，交际难度增加。影响有效交际的变量包括语言差异、文化差异、世界观、价值观等。跨文化交际能力由知识、动机、技巧三个因素构成，三者相互影响、相互依存。跨文化交际能力需要足够的跨文化知识、积极的动机和有效的交际技巧，三个因素应同时具备，任何一个因素都不能单独构成跨文化交际能力。

克拉姆西认为，一个具有跨文化交际能力的人在一定的社会环境中能够灵活地选用准确、恰当的形式，而不只是根据某一个社会群体的学术规范和社交礼节去说和写。具体说来，一个具有跨文化交际能力的人应该能够做到以下几点：①能够辨别出两个群体关系中的冲突区域；②能够解释冲突的行为和信念；③能够解决冲突或对不能解决的冲突进行协商；④能够评价一个解释系统的质量，并根据一个具有某个具体文化背景的说话人的信息，自己建构一个有效的解释系统。

二、全球一体化与文化多元化语境下的现实写照

随着信息技术的发展，人类已经进入一个全球化的时代。经济全球化与文化多样化，使得整个世界已经变成了一个"地球村"。在如今这种全球化已成为一种发展趋势的背景下，我们不仅要关注外来文化如何通过翻译进入我国，更要关注在后翻译时代，如何让这种翻译文化对中国传统文化和本土文化产生更大、更积极的影响。

（一）跨文化传播和沟通的桥梁

经济全球一体化和文化多元化成为当今世界两大并行不悖的发展趋势，要在全球化和多元语言文化环境下认识差异、求同存异，推动区域性和全球性的跨文化传播和交流，则需要一座沟通的桥梁，而这一桥梁就是翻译。

由于文化的差异性，在翻译、传播与交流过程中引发的文化冲突和对抗是一种普遍现象。文化冲突是客观存在的，但人们对翻译文化所持的态度、对翻译文化带来的冲突及其后果和意义的评价，则因其民族文化情结的影响而具有一定的主观性。翻译文化冲突带来的不良后果只能用来证明不同类型文化差异和跨文化传播手段的不恰当，而不能用来证明不同的文化不可融合，否则东西方文化的形成和拓展都不可能顺利进行。事实上，异质文化之间的融合是可能的，这不仅已在世界各大文化体系相互传播融合的历史中得到了证明，也是世界文化发展的一个未来的、总体的趋势。

（二）社会文化变迁的动力和催化剂

文化翻译是一个社会向另一个社会借取文化要素并把它们融合进自己的文化之中的跨文化传播过程，这是一个推进本民族社会文化发展与进步的过程。在全球化进程加速的今天，在世界各个国家、各个民族交

往日益密切的今天，一般而言，同质文化间的交流与传播可以维系和强化该文化系统，只在量上引起它的改变，而异质文化间的交流与传播则能使该文化产生质变。从某种程度上而言，跨文化间的交流与传播才是社会文化发展和变迁的原动力，而产生这个动力的直接源头就是翻译。历史已经多次证明，作为跨文化传播的主要手段的翻译是人类文明发展和文化变迁的动力和催化剂。

许久以来，由于环境及历史的原因，中国是一个闭塞、不被外界所了解与认知的国家。当中国的国门向世界敞开，当人们纵观中国上下五千年的历史时，人们就会发现中国的文化的流变，既是因其自身发展的需要而发生的改变，也是其适应异质文化、与异质文化共存的一种改变。从历经千年的佛经翻译和传播到近代西学东渐时期对异质文化的译介活动，都给中国文化带来了或量或质的改变。

全球化是一个持续的、连绵不断的过程，是世界各国社会、政治、经济、文化、制度以及政府、组织、团体、个人之间产生复杂关联的快速发展过程，既为跨文化的传播与融汇提供了条件，也在不断地改变着当今世界的多元文化状态。一方面，全球化使得不同社会文化以及不同文化背景的人们拥有了前所未有的交往机会，促进了不同民族、国家和地区之间的大规模文化传播；另一方面，随着全球范围内经济和文化资源的流动和扩散、重组和整合加快，文化发展呈现既高度融合又高度分化的趋势。这表明跨文化传播已成为全球多元文化生态的表征，呈现出全球社会中不同文化的变迁实质，决定了人类文化交往与发展之路的现实和未来走向。毋庸置疑，在这样的时代背景下，翻译已然成为这种跨文化传播表征之上的一种常态，正在改变着全球社会和文化生态，影响着不同文化的深层结构。在全球化电子信息网络时代，翻译作为不同文化交往和异语信息传播的主要媒介，不仅跨越了时间和空间，也穿越了各种文化共同体，牵引并促使大容量、高密度的异质文化信息相互碰撞和融汇，由此改变着不同文化的认知系统和价值观念，从而也在重新建构着各个文化复杂的内部体系，催生着种种文化变迁。

三、翻译的跨文化传播功能阐释

人与人之间的交流，文化与文化之间的传播，都离不开语言。语言成就了世界，传播缩小了世界，翻译却沟通了世界。作为一种社会实践活动，翻译既是跨语言的，又是跨文化的，同时具有传播性。从跨文化传播的意义上讲，翻译是桥梁、纽带，是黏合剂，也是催化剂，它可以传递思想、丰富语言，开发智力、开阔视野，从其他语言文化中汲取对本族语文化有益的成分，从而变革文化，发展社会，推进历史演进。只有通过翻译，才能把人类社会的不同文明推向一个更高的层次和发展阶段。

（一）翻译是一座跨文化传播的桥梁

众所周知，翻译是人类社会迈出相互沟通理解的第一步。无论东方社会还是西方世界，一部翻译史就是一部生动的人类社会跨文化传播交流与发展史。随着全球经济一体化步伐的不断加快，世界各国间的科技、经济、文化等领域的交流日渐频繁，对翻译的需要越来越多，翻译的重要性也已凸显。另外，人类社会越发展，越体现出一种开放与交流的精神，越不能故步自封。人类社会要想走出封闭的天地，首先必须与外界进行接触，以建立起互相交流的关系，向着相互理解、共同发展的目标前进。自从人类有语言文化、习俗风尚以来，各民族之间为了传递信息、交流文化，无不是凭借翻译来达成的。

翻译把两个相异的文化连接起来，在不同文化之间的交流过程中扮演着至关重要、必不可少的角色。著名诗人歌德就一直呼唤要打破国界，积极进行不同民族文化间的交流。在他看来，翻译在人类文化交流中起着"至关重要的作用"。翻译不仅起着交流、借鉴的作用，更具有创造的功能。当然，就现实而言，歌德之所以成为世界性的歌德，他的文学生命之花之所以开遍异域，其力量也正是靠了翻译这座桥梁。

（二）文化翻译产生翻译文化

文化是社会经验，是社会习得，它只能在社会生活的实际交往中完成；文化又是历史传统，是世代相传、不断延续的结果。文化帮助我们了解过去、认识现在、明白将来，推动社会有序地向前发展。文化是动态的，处在不断的传播之中；文化又是多元的，它的传播不是单向的、封闭的，而是多维的、交叉的。一个民族的语言折射出这个民族纷繁多彩的文化形态，所以文化信息传播不仅是物质文化形式的引入，更主要的是价值观念、思维模式、社会心理、感情传达等精神文化层面的相互接触与认识、选择与吸收，同时也涉及各文化层面上错综复杂的关联以及深层次的转化与变异。在异语文化传播中，文化是翻译传播的内容，翻译传播是文化的羽翼，异质文化借翻译而传播、交融和延续。

人类社会的发展史是一部各种文化不断相互融合的翻译的历史。多样的文化造就了五彩缤纷的现实世界，而翻译则打通了不同文化社会之间的分割，形成了一种文化信息与另一种文化信息的交流互动，推动了世界文化的共同发展，创造了共享的人类文明。跨越文化障碍而进行的文化信息的传递过程，是人类社会所特有的活动，需要借助符号进行思想交流和文化传播。翻译作为跨文化传播的中介，参与文化符号的解码和编码活动，因而同时具有文化和传播的双重性质。翻译的过程本身既是文化行为，又是传播活动，是发生在语际交流过程中的跨文化信息的传播。它一方面受译者自身知识范围、经验、世界观、价值观等因素的制约；另一方面又受其所处社会、文化环境的制约，体现了民族文化特色。

文化翻译的结果是产生翻译文化。所谓"文化翻译"，简而言之，一方面就像"文学翻译"或"文化创作"等概念一样，仅是指一种文化传播行为；另一方面是指对文化进行翻译的活动，是一个对异语文化进行移译的动态的过程。所谓"翻译文化"，是"文化翻译"的结果。它也可以从两个层面理解：一方面是指以翻译理论和实践为研究对象，并在对其进行研究的过程中所产生的文化，包括翻译标准、翻译方法、翻译批评等一系列和翻译研究有关的内容；另一方面是从跨文化传播意义上进行理解，是指通过翻译而输入的源语文化或外来文化，以及该源语文化在与目的语文化融合后而产生的文化，即"第三种文化"或"杂合文化"。这个过程是从输入到融合再到发展、从简单到复杂、从初级到高级、从一元到二元甚至多元。其实从文化翻译到翻译文化的过程，就是跨文化传播视野下从翻译开始到翻译产生效果后翻译功能的实现过程。

第四节　多元文化视角下大学英语翻译教学的转型

一、文化差异与大学英语翻译教学

（一）语言文化差异对英语翻译的影响

就语言来讲，英汉语言在词汇、句法、修辞等方面呈现出明显的差异，以下就针对其中的几个方面对翻译的影响进行简要说明。

1. 词汇方面

英语中的很多词汇都有着丰富的文化内涵，认识和了解这些词汇的引申含义对于翻译来讲是非常重要的。例如，英语中单词 fiddle 指"小提琴"，英语 as fit as a fiddle（非常健康）中的 fiddle 具有健康的含义，但汉语中与之相对应的"小提琴"却与健康没有任何关系；汉语中的"宠儿"表示"特别受宠爱的人"，而英语中的 favorite son 却指"被自己州所拥护的政治候选人"。可见，在翻译过程中非常有必要了解词语的文化内涵，以免望文生义，造成错译。

2. 句法方面

在句法方面，英语注重形式衔接，讲究结构完整，句子形式严格受语法的制约，而汉语则注重意念连贯，不求结构齐整，不受语法的制约，句子形式较为随意。据此，学生在翻译时就要注意这种差异，以免产生误译。

3. 修辞方面

在修辞方面英汉语言有着很多的相似之处，但也表现出一定的差异，而修辞上的差异对翻译会造成不小的障碍。

（二）社会文化差异对翻译的影响

社会文化丰富多样、错综复杂，一个民族的历史、政治、经济、风俗习惯、价值观、思维方式以及社会活动的特点和形式等都是社会文化的表现。英汉社会文化方面的差异对翻译也有着显著的影响，具体体现在以下几个方面。

1. 思维方式方面

在思维方式方面，英语民族擅长抽象思维，善于用抽象的概念来表达具体的事物，这种思维方式在语言上的表现就是采用抽象表达法。汉民族的思维方式与英语民族正好相反，因此，在具体的翻译过程中就要对原文进行变动，即将英语中的抽象名词具体化。

2. 风俗习惯方面

风俗习惯涉及的范围非常广泛，以下就从称呼这一风俗习惯来分析英汉文化差异对翻译的影响。在称呼方面，英语的称呼非常简单，仅 dad, mum, grandpa, aunt, uncle 等几种，而且多数情况下都是直呼其名。中国十分注重礼节，称谓注重尊卑有别，长幼有序，而且一个称谓不止一种叫法，如"妻子"，英语中只有一种叫法，但汉语中则有"老婆""爱人"等多种称呼。在翻译时就要根据上下文推断文中人物的亲属关系，从而准确翻译原文中的称谓。

3. 习语方面

习语是一个民族文化的积淀和人民智慧的结晶，有着明显的民族性。英汉两种语言中的习语也存在着很多形似而意悖的现象，所要表达的意思与其字面意思往往没有直接的关系，因此，在翻译习语时一定要理解其蕴含的深层文化含义。

（三）宗教文化差异对翻译的影响

宗教文化是人类文化的重要构成部分，它是由民族宗教信仰和宗教意识等形成的文化。西方人多信仰基督教，认为世界是由上帝创造的，世上的一切均是按上帝的旨意安排的。中国深受儒教、道教和佛教的影响，这种宗教信仰差异对语言也产生了重大影响，必然也会影响翻译。

（四）物质文化差异对翻译的影响

人类文化中的物质文化差异对翻译也有着重要的影响作用。例如，在饮食文化方面，中西方的差异就是显而易见的。西方人多以蛋糕、面包等为主食，而中国人主要吃大米、面食等。如果将英语俗语"a piece of cake"直译为"一块儿蛋糕",肯定会令人费解。事实上,"a piece of cake"是一个英语习语,意思是"做某事非常容易或毫不费力"。它通常用来形容一项任务、工作或活动非常简单,就像吃一块蛋糕一样容易。

二、多文化视角下大学英语翻译教学的方法

(一)图式法

图式法是大学英语翻译教学中常用且有效的一种教学方法。图式指的是一些知识片段,这些知识片段以相对独立的形式保存在人的大脑记忆中,对言语的理解其实就是激活大脑中相应的知识片段的过程。人从出生开始就在与外部世界接触的过程中认识周围的事物、情景和其他人,并且在头脑中形成了不同的认知模式。围绕不同的事物和情景,这样的认知模式形成了有序的知识系统。简单来讲,图式就是人脑中关于外部世界知识的组织形式,是人赖以认知和理解周围事物的基础。如果在接触到新的信息时,大脑中没有与之相关的图式,就无法正常理解。

由此可以看出,将"图式"引入和应用于翻译教学中意义非常重大。它可以有效地激发学生头脑中与文本相关的图式,使学生对原文有一个正确的理解。具体来讲,教师可向学生提供一些需要激活图式才能正确理解的语言材料,然后要求学生根据这些材料进行翻译。同时,教师也要积极帮助学生调动相关的图式,以激发学生的积极主动性,促使学生更加有效地学习。

(二)语境法

翻译与语境有着非常紧密的联系,因此语境法也是大学英语翻译技能教学中常用的方法之一,语境法的实施可以实现学生对原文进行全面的理解和准确的翻译。这是因为翻译中的理解和表达都是在具体的语境中进行的,语义的确定、遣词造句、篇章结构以及语体形式均离不开语境。可以说,语境是正确翻译的基础。

语境包括宏观语境和微观语境。其中,宏观语境包括话题、对象、场合等,它使意义更加确切化;微观语境是指词语的含义搭配、语义组合,它使意义特定化。在具体的翻译教学中,教师应引导学生综合考虑

这两种语境，促使学生根据已有的知识获取原文含义，并且根据原文中提供的各种信息进行思辨、推理，找出原文作者的隐含意图，从而恰当地进行翻译。

（三）讲练技巧法

翻译技巧是翻译有效进行的基础和保证，所以教师在教学中要有意识地向学生讲授一些常用的翻译技巧，并引导学生进行有针对性的练习。

1. 直译

直译是最为常见的一种翻译技巧，它是指在符合译文语言规范的基础上，在不引起错误联想和误解的情况下直接进行翻译。直译强调"形似"，因此能够很好地保留原文的形式与特色。

2. 意译

意译是指根据原文词语的含义使用意义等同的目的语来表达。意译法强调"神似"，运用意译法的译文不拘泥于原文形式，只求能准确、恰当地表达原文含义。

3. 音译

音译就是把一种语言的词语用另一种语言中跟它发音相同或近似的语音表示出来的翻译技巧。

4. 反译

与正译正好相反，反译是指将原文中暗含否定含义但却具有肯定形式的词或短语译成汉语的否定句的翻译技巧。

5. 分译

分译就是根据译文表达的需要而将原文中的词、词组或句子分解出来，单独进行翻译。

6. 合译

合译就是将原文中两个或两个以上的简单句或一个复合句在译文中融合为一个单句来表达。

（四）文化导入法

在大学英语翻译技能教学中，教师要有意识地向学生导入文化知识，以从根本上提高学生的跨文化翻译能力。具体来讲，教师在教学中可采用以下方法向学生导入文化知识。

1. 比较法

在翻译教学中向学生导入文化知识,最常采用的方法就是比较法。所谓比较法,就是将英语文化与汉语文化进行比较,使学生对英汉文化差异有一个系统的了解,并将跨文化能力与英语能力结合起来,使学生在掌握英语文化知识的同时,也具备跨文化交际能力。例如,"狗"在汉语文化中多含贬义,与之相关的词语也多为贬义词,如"走狗""狗腿子"等。英美人对狗十分钟爱,将狗看作是人类忠实的朋友,所以 dog 在英语文化中多具有褒义的含义,如 "Every dog has his day."(人人皆有得意日),"You are a lucky dog."(你真是个幸运儿)等。由此可以看出,如果不了解英汉文化的差异,很容易按字面意思进行翻译,造成误译。

2. 专题讲座法

专题讲座法也是一种有效丰富学生文化知识的教学方法。专题讲座法就是在比较英汉文化的基础上,针对学生在学习过程中遇到的一些文化难题进行分析和总结,不定期地邀请一些专家或外教有意识地开展一些英美文化知识的专题讲座。专题讲座具有时间集中、信息量大等优点,能有效提高学生的文化敏感性,进而使学生全面地认识、了解和掌握英语文化。

3. 课外补充法

在我国,课堂教学是学生学习英语知识的主要场所,学生对课堂学习有着很强的依赖性,但课堂时间毕竟是有限的,再加上英语翻译的课时本来就少,所以学生在课堂上是不可能全面掌握翻译知识的。课外的时间充裕,而且不受限制,因此教师可以鼓励学生充分利用课外时间,如鼓励学生在课外阅读英美书籍或杂志,观看英文原版电影或录像,或通过互联网查阅广泛的英语文化资源等。通过课外学习,不仅可以丰富学生的文化知识,还能提高学生的自主学习能力,进而有效提高学生的翻译能力。

(五)交际教学法

翻译教学的最终目的是培养学生的跨文化交际能力,因此在大学英语教学中,教师常采用交际教学法展开教学。交际教学法注重学生的主体地位,主张教师的教学活动要始终围绕学生展开,教师的主要作用是为学生提供实际的交际场景,帮助学生轻松自如地表达自己的观点和想法。

交际教学法的具体实施步骤如下：①根据翻译教学的目的，教师向学生提供相同内容的源语和目标语两种文本的材料,引导学生进行对比,并分析两种语言的不同表达方式以及两种文化的模式差异；②依据认知原则开展教学，安排学生进行模仿和互译练习，从而促使学生创造性地使用语言，培养学生的翻译意识和能力；③根据学生的实际情况、学习特点、目标需求等，提出翻译要求，指导学生独立进行翻译练习；④完成翻译练习后，教师与学生一起对译文进行分析和评价。

在整个教学过程中，教师要引导学生积极参与，多鼓励和表扬学生，以使学生在参与的过程中锻炼和提高翻译能力。

第五章　大学英语写作教学多维探究

第一节　大学英语写作教学

一、写作与写作能力

（一）写作

写作是以语言文字为媒介的文化交流行为，是人类社会各个领域都不可或缺的信息记录与传播方式。换言之，写作是作者与读者之间进行有目的的交际行为与过程。同时，写作也是人类的高级神经系统的智力认识活动。写作是写作者通过利用已有的知识、经验、情境、认知结构以书面语的形式来交流思想情感、影响读者思想情绪的过程。在写作过程中，写作者可以围绕主题进行构思，对写作思想或信息进行组织、总结，选择合适的语言材料，用书面语言将思想与信息表达出来，从而实现与读者的信息交流。

（二）写作能力

培养学生的英语写作能力是英语写作教学的目标。关于写作能力的问题，目前学界主要有以下四种观念。

1. 传统的写作能力观

传统的写作能力观认为正确使用语法、篇章结构以及标点符号十分重要。根据这一观点，好的文章应该具有自明性，也就是无论写作目标或读者群如何不同，文章从内容到形式都应确保意义明确。在这种观念的影响下，写作教学的重点在于将书面语言与形式规范层面的知识传授给学生。

2. 认知的写作能力观

认知的写作能力观以信息加工理论为基础，认为良好的写作能力指的是能够使用一套写作修订策略，在对范文进行模仿、对写作进行评估之后，通过不断修改，实现知识的重建。在这一观念下，写作教学应致力于提高学生使用写作策略的意识与能力。

3. 社会的写作能力观

社会的写作能力观认为，具备良好写作能力的写作者能掌握各种语类的表达形式。这样的语言表达可以使各种社会文化环境的交互要求都可以得到满足。话语方式可以代表一个社会群体的特点。在对写作者的写作能力进行衡量时，一方面要看其文章的语言和结构与规范是否相符，是否具有写作技巧，另一方面还要看写作者是否可以对某一社会团体的语言特征与知识特征进行有效表达。在这种观念下，写作教学的重点是结合对社会群体的交互特征的认识，通过写作使学生的语用能力得到提高。

4. 后现代的写作能力观

后现代的写作能力观强调写作者通过文本将作者揭示与评判社会现实的能力体现出来。后现代的批评教育观认为，学习语言的过程是学会和掌握一种力量，从而能够质疑、调整，甚至颠覆现有语言传统的过程。使学生逐渐形成这样的意识与能力是教师的责任。在这种观念下，写作教学的重点在于培养学生通过写作对社会中的现实问题进行评价的能力。

上述几种观点从不同角度对写作能力所进行阐释，没有好坏之分。对这些观点进行了解，可以帮助教师对不同写作教材的侧重点进行比较与评价，并对自己的教学目标、方法以及效果进行反思，从而改进教学。

综合上述观点，写作能力主要包括书写规范、端正，拼写与语法正确，语言通顺，主题突出，逻辑清晰，内容相对完整。

二、英语写作的心理过程

了解学生进行英语写作的心理过程，对于提高英语写作教学的效果有重要作用。通常而言，学生在英语写作中会经历如下三个过程。

（一）从视觉到动觉

从视觉到动觉是英语写作最基本的心理机制，因为视觉活动属于书写训练的起点。具体地说，学生通过观看书上、黑板上的书写示范，就会在大脑中形成明晰的英文字母形象。学生形成的视觉形象越清楚、越深刻、越正确，其在之后的模仿就会越顺利、越准确、越迅速。可见，写作是一个由观察到临摹、由临摹到自主、由自主到熟练的过程。虽然模仿是动觉性的，但其与视觉有着密不可分的联系。

正确、快速、美观、清楚是书写的基本要求。教师应清楚地意识到自己对学生的示范作用，应从教学的第一天起就为学生展现完美的书写，从而帮助学生形成鲜明、精确的视觉表象。此外，教师还要帮助学生养成看、想、写一体化，或动眼、动脑、动手一体化的良好书写习惯。

（二）书写技巧动型化

所谓书写技巧动型化，是指书写过程中一个动作紧接着另一个动作，一个基本单位的书写动作已经自动化。可见，书写技巧动型化其实就是高度的熟练化。随着写作熟练程度的提高，书写单位应该从单词逐渐扩大到短语、分句和段落，这不但能加快写的速度，还能提高学习效率。

为了使学生较快地掌握动型化的书写技巧，教师应通过不同的方式引导学生展开练习，既要经常在纸上练书写，又要习惯于在脑子里练书写，在脑子里经常对字母、单词、句子从书写形象上"过电影"，做到心手合一。

（三）联想性的构思能力

联想性的构思是指人们对种属关系、因果关系、空间关系、时间关系以及层次关系等各个事物之间相互联系的认识。语言是思维的工具，学生应将英语作为思维工具来用，以便更好地将英语作为交际工具来用。而将英语作为交际工具来用的关键一步，是发展和养成英语的联想习惯。例如，由 family 联想到 father，mother，brother，sister 等。

学生具备了联想性的构思能力，就能更好地理解英语上下文的关联性。教师应重视对学生联想性构思能力的培养，这样既能提高学生的英语写作能力，又能提高学生的思维能力，从而使学生牢固掌握所学的英语知识，做到活学活用。

三、学习英语写作的重要性

（一）促进语言的生成

对于中国学生而言,英语属于外语,这就预示着英语学习会遇到一定的困难。由于没有直接和英语人士开展交流的条件，缺少使用英语的环境，所以学生要生成语言就要做大量主观性的努力，而英语写作是促进英语语言生成的一种有效方式。说和写是语言生成的重要方式，但因英语在我国缺乏一定的语言使用环境，所以学生"说"的机会较少，"写"也就成了现实可行的语言生成机制。通过"写"，学生不仅可以提高自己的语言表达能力，还会对其英语思维的形成有一定帮助，这些变化在写作的过程中会潜移默化地影响学生，最终提高其英语交际能力。

（二）提高学习的效率

写作学习对学习效率的提高主要是由写作的特点决定的。在中国，写作练习是一种经济方便的语言练习方式，同时，由于写作是一种相对主观的语言使用活动，写作什么时候开始、什么时候结束、使用什么表达都由学生自主支配，因此能够激发学生学习英语的积极性。

正是由于写作的这些特点，其能够提高英语学习的效率，甚至影响其他语言学习活动的进行。随着英语教学改革的发展，以学生为教学和学习中心的理念得到了广泛的传扬与发展，英语写作学习正好迎合了此种发展模式，对提高学生英语学习的自主性，发展其独立思考与解决问题的能力有着重要的促进作用。

（三）发展英语的其他技能

学习写作可以推动其他英语语言技能的发展。

学习英语写作既能丰富学生的词汇量，也能促进其更加熟练地掌握语法。在写作过程中，学生一般使用书面语进行表达，书面语的特点是表达准确、结构优美，所以这种写作训练可以使学生恰当地把握词汇的意义与用法。同时，书面语对语法形式的正确与否有较高要求，这就可以提高学生对语法的掌握程度。众所周知，词汇与语法是听、说等语言应用的前提与基础，所以其互为补充、互相促进。

写作的过程既是一种语言生成的过程，同时，也是写作者内心对思想进行语言编码的过程。这种书面上的编码活动在实质上是和口语活动所需语言的编码活动相通的。从这个意义上说，写作也能促进学生口语能力的提高。

四、大学英语写作教学的现状

（一）学生的写作基础不好

很多学生都抱怨，英语写作是一件困难且复杂的工作，他们对英语写作的抵触情绪非常明显，这主要是因为学生没有掌握正确的英语写作方法。在写作过程中，很多学生都不知道如何运用所积累的词汇，即便熟知一些词汇与词组的意义，也不知道该如何下笔。另外，还有一些学生词汇量有限，根本表达不了所要表达的意思，从而使其文章中不断重复某些词汇；一些学生积累了一些英语句式，但在写作中不能自由地切换句式；一些学生因不了解英语的语言风格，所以在写作中存在严重的"口语化"现象。这些现象均与学生的英语写作基础不好有关，应该引起重视。

（二）学生的英汉思维差异不够清晰和准确

学习一门语言，也应了解其背后的文化，但很多学生在学习英语时过分注重语言知识的习得，却忽视了文化知识。这就使学生所掌握的英语语言缺失灵魂与活力，且在英语写作中无法被恰当地使用。

（三）教学系统性不足

在英语写作教学中，还存在一个最明显的问题，即系统性不足。具体而言，写作教学系统性不足体现在以下几个方面。

1.教学目标

学习任何知识都应该遵循循序渐进的原则，英语写作教学也是如此。想要实现英语写作教学的目的，首先应该确保教学的系统性。通常，导致英语写作教学目标缺乏系统性的原因多集中在三个方面：总体目标与阶段性目标的不协调；显性目标与隐性目标系统不平衡；教师对写作的目标体系与学生写作实际之间的关系认识模糊。英语写作的总体目标是针对学生的生理、心理特征，结合写作教学的自身规律，并在英语课程要求中明确规定的总体任务。英语写作的阶段性目标，就是根据总体目标制定的一系列的阶段性目标。可见，英语写作的阶段性目标是总体目标体系的子系统。然而，当前的英语写作教学现状却是：英语写作的总体目标与阶段性目标之间的系统性不足，总目标与子目标之间连贯和衔接的科学性严重缺失。这种写作总体目标与阶段性目标的不协调必然会影响写作教学目标的实现。

导致教学目标难以实现的另一个原因是：教师对英语写作教学目标与学生实际之间关系的认识含混。事实上，目标是教师和学生对学习结果的期待系统，教学目标与学生的实际学习情况之间一定存在差距，两者之间适当的距离有利于学生英语写作能力的形成，而两者间过大或过小的距离都将制约学生写作能力的形成。英语写作教学也就是学生实际向目标逼近的过程。师生均可以借助目标与实际状态之间的缝隙，设定教学或学习的步骤，教师还应对实现每一环节目标的可能性和条件有所了解，且要熟知在这一过程中学生可能会遇到的困难。教师对写作教学的目标与学生实际之间的关系和意义的认识含混，必然会导致其行动和反应上的迟缓，从而直接或间接地影响学生英语写作能力的提高。

2. 教学方法

方法即一种对活动行动程序或准则的规定，一般表现为一种活动模式，它能够指导人们按照一定的程式、规则展开行动。教学方法其实是整个教学系统的一个子系统，而系统性是有效运用教学方法的重要依靠。可见，教学方法与教学目的、教学内容以及师生的互动关系均有着密切的联系。英语写作教学方法的运作取决于教学系统，同时，写作教学方法的系统运作也决定着写作教学的效率。系统性是英语写作教学方法的内在规定，没有了系统，教学方法就失去了价值和意义。

教学目标、教学内容和师生关系对教学方法有制约的作用。没有明确的教学目标，也就迷失了写作的方向；脱离了教学内容，所采用的方法也就毫无意义；没有师生之间的互动，写作教学方法更是没有价值。不同的教学目标、内容、师生关系应对应不同的教学方法；不同的教师和学生学习知识经验就有不同的写作教学方法供选择和运作；由于不同的内外条件，写作教学方法的系统运作会呈现不同的水平和层次。近年来，英语写作教学方法失效的一个主要原因就是：一些英语教师对教学方法的系统性把握不够，写作教学中所用的方法不系统、不连贯，缺少针对性。

3. 指导思想

教师的指导思想也会影响学生的写作效果。教师写作指导的系统性是写作教学的关键。写作技能是从大量练习中获得的，反复练习对于写作能力的生成非常有利，但多练不等于泛练。如果没有目的性地练，即使花费了大量时间也是没有意义的。从遣词造句到段落和篇章的生成，从构思、行文到修改，学生的写作均经历了一个由浅入深的系统操作过程。英语写作的指导思想也应该具有系统性。

（四）重形式、轻过程与内容

对于中国学生而言，英语是一门外语，所以要求初学写作的学生直接用英语写作或思维是不现实的。很多人认为，英语写作中侧重语言形式的作用是较为普遍的，因此，在英语写作教学中重视文句的规范性与文章结构，忽视文章的内容和思想的现象也就特别常见。英语写作中有一条不成文的规定，即把文章结构和语言形式看作写作教学的主要内涵。对于初学英语写作的人而言，学会把握文章的结构和形式似乎成了教师指导英语写作的全部内容。

受传统教学模式的影响，英语写作教学也很注重语言的形式和文章的结构。传统教学模式如今依然影响着教师的教学方法和课堂行为，而传统的思想和方法也不断地被教师接纳和坚持，学生或被动或主动地接受这种写作思想和写作方法。内容和过程对于英语写作而言都非常重要，文章的丰富性和深刻性主要就源自内容的个性化和思想的独特性。语言的形式和文章的结构仅是作者表达思想和情感的一种手段。学生能否把握文章的结构和格式固然重要，但不应过分强调它们的作用。文章的思想和观点的生成如同写作教学的源，而文章的结构和语言的形式如同写作教学的流。英语写作教学必须处理好源与流、本与末、主与次的关系。

第二节　多模态理论在大学英语写作教学中的应用

一、大学英语写作教学中多模态理论应用的必要性

大学英语写作涉及英语词汇及语法的掌握，是学生知识水平、思维能力及英语综合能力的集中体现，因此，写作教学一直以来是大学英语教学中的重点。传统写作教学课堂以教师单一讲授为主，学生学习积极性差，参与率低，写作水平不能得到有效提高，综合素质和能力也没有得到培养。随着现代社会信息化及教学多媒体化进程的加快，越来越多的社会符号开始涌现并被大量用来建构和传达意义，如图像、声音、光线等。语言不再是唯一的交流途径，而是交流的一种模态。近几年来，各种社会符号逐渐得到学术界的关注，如何解读及利用这些社会符号成为研究的焦点，因此多模态理论应运而生，并得到广泛应用。把多模态话语理论应用在大学英语写作教学中，可以激发学生的创造力，有效培养学生的多元读写能力，提高学生的英语写作水平。

大学英语教育重视学生听、说、读、写、译等综合能力的发展，其中英语写作最能反映学生的语言掌握程度。传统大学英语写作课堂"粉笔加黑板"的形式单一乏味；教师讲授为主、学生被动接受的模式往往造成学生缺少兴趣，写作水平得不到有效提高，而且传统写作教学往往只注重语言词汇及句法层面，而忽略了意义建构及逻辑思维的训练，在培养学生综合能力素质方面令人不甚满意。在英语写作教学中应用多模态理论，可以帮助学生激发创造力，增强学习兴趣，扩充知识储备，提高写作水平，培养多元读写能力。

二、多模态写作教学模式构建

大学英语写作是一种个体认知行为，这种认知行为具备社会性及合作性特征，是学生在掌握英语后再进行输出的过程，这个过程较为复杂，

需要教师和学生的共同努力才能更好地完成。将多模态理论应用到这个过程中，可实现教师、学生、教学资源、网络教学平台间的有效互动，综合利用文字、图像、声音等对学生的感官进行刺激，提高学生的思维能力和创造能力，使学生更积极主动地投入写作学习中，最终实现写作能力的提升。

（一）确定并引入写作主题

为了让学生对写作感兴趣，教师可以在开展写作教学之前以教学内容和学生的兴趣为基础选择主题，然后将主题通过图片、视频、音乐等方式导入写作能力的培养中，比如可以让学生在观察图片或者欣赏音乐后根据个人感受配上一段文字。教师也可以在讲解写作技巧时结合应用文本和动画，让学生的感官同时接受文字、声音、画面的刺激，实现静态教学向动态教学的转变。教师在应用各种模态的过程中要注意各种模态必须良好配合，并且要以语言和文本为主体，以其他模态为辅助，这样才能让学生通过多模态更好地提升写作能力，也不会因为模态间的冲突而妨碍学生对知识的理解。

（二）收集更多的教学资源

当主题选定以后，教师可以利用互联网围绕主题搜集资源，比如和主题有关的词汇、句型、文章布局等都可以作为教学资源应用在写作教学中，然后和学生讨论这些主题。教师可以同时进行阅读教学和写作教学，充分利用读写间相互促进的关系，从而让学生的写作能力和阅读理解能力共同得到提升。教师可鼓励学生主动接触更多的资源，比如多阅读英语文本、观看原版英文电影等，以此实现素材的积累，了解更多外国文化，从而实现写作质量的提升。

（三）鼓励学生展示个人作品和生生互评

当学生结合多种资源完成写作以后，教师可以鼓励学生勇敢地将个人作品展示给大家，同时让其他学生对展示的作品进行评价，这样学生可通过他人意见发现作品的不足之处，也能够在评价他人的过程中提升个人的英语鉴赏水平。学生的作品不限于文本形式，在展示过程中可以添加图片、音乐等辅助元素，这样也可使学生的作品层次以及个人素质得到提升。

（四）教师的综合评价和反馈

在教学过程中，教师可以将优秀作品挑选出来并利用多媒体展示给所有学生，然后从文化、语境、内容、表达等角度对文章进行综合评价，从而提升写作指导的有效性，最终实现学生写作水平的提升。这种方式还能够让学生感受到个人的进步，进而更积极主动地投入英语写作学习中。

在整个过程中，教师要注意多模态环境的创设。多模态环境指的是具备声音、图像的环境，环境的创设可通过多媒体来完成，让学生的感官在环境中接受熏陶。在多模态理论下，时空和地域、教师和学生、学生和学生、师生和媒体平台等都可以更好地进行互动，学生在这样的环境下可以获得更丰富的资源，更好地展示自己，从而让自己的英语写作能力得到更好的培养。

三、对教学实践的启示

将多模态应用到英语写作教学实践中可以有效提高学生的写作水平，培养学生的多元读写能力。教师在践行这种教学模式的过程中，要做好充足的课前准备。教师要根据学生的实际需要和实际水平，确定教学目标，制订教学计划和教学内容，尽可能多地收集相关教学资料，但也不能被大量的多模态资源所淹没，偏离教学目标。教师在准备教学内容时要注意，在写作教学中，语言和文字话语始终是主要模态，其他模态起辅助作用，不能只注重图像或者声音而忽略了文字。在教学过程中，教师要经常询问学生对课程的接受情况，根据学生的反馈及时调整教学内容和教学策略，结合多种教学方法，充分利用多媒体和信息技术，全面调动学生的积极性，培养学生的写作能力。

在多模态写作教学过程中，教师要注意各种模态之间的适配性和协调性。在教学中使用两个或两个以上模态时，教师要注意一般选定一种模态为主模态，其他模态起强调和强化作用，使传递的信息更加突出。在实际的写作教学实践中，教师应注意不要出现"喧宾夺主"的现象，要注意图像、视频的使用比例，要做到既能吸引学生注意力，又能不干扰学生思维的逻辑性和整体性。多种模态之间要相互适应和配合，共同实现对信息的有效传递。另外，教师还要努力创造出真实自然的"社会环境"和交际语境，只有在真实的语境下，学生才能有效地学习和掌握语言知识。在实际写作教学实践中，教师要选择与学生自身生活或者与现代社会密切相关的话题语料，利用相关多模态资源，提高学生的写作水平和多元读写能力。

在培养学生多元读写能力的同时，教师也应该不断地培养和提高自身的多元读写能力。教师要主动学习多模态知识，多听一些关于多模态以及多元读写能力的讲座和学术报告，加强自己对文化、视觉、听觉、姿势等符号系统的解读能力以及意义建构能力，提高自身对计算机技术、多媒体技术以及网络技术的掌握和使用能力。

第三节　互联网背景下的大学英语写作教学

一、大学英语写作教学中存在的问题

（一）教学方法陈旧

受学时以及应试教育的影响，在英语写作教学中，教师仍旧采用传统的教学方式展开教学，即在课堂上为学生提供各种类型的范本，为学生讲解范本，要求学生进行模仿并完成课后写作任务，教师进行评改。这种教学方法的重点在于写作结果，忽视了师生之间的交流，也忽视了学生兴趣的培养。

这样下去的结果就是学生丧失学习兴趣和学习动机。另外，模仿是学生的一个必经阶段，却不是最终阶段，只有完成创造性的写作才是最终目的。事实上，创造不仅是一个过程，也是一个结果，如果没有创造性，那么这样的写作也毫无意义。在英语写作教学中，教师需要与学生进行沟通，培养学生的学习兴趣和积极性，并灵活采用多种方法展开写作教学。

（二）教学中重形式、轻过程

很多人指出，英语写作中应该注重形式，并认为这是必然的，因此导致教师在英语写作教学中非常侧重句子规范性和文章结构的教学。甚至有时候，教师为了让学生快速写出一篇文章，会让学生对类似的文章进行模仿。这样下去会导致教师和学生都将形式视作写作教与学的重点，而忽视了写作的过程与内容。这样的写作仅仅是一种模仿，而不是创造，是流于形式的写作，很少能够触及写作的核心。

（三）教与学相互颠倒

写作是一个极富实践性的课程，因此写作应该以学生的操练为主，以教师的教授为辅。在实际的写作教学中，教师往往花费大量的时间对词句进行讲解，只给学生留下少数的时间进行写作，这样实际是对教学内容主次的颠倒，对学生写作能力的提升是非常不利的。

写作是一种学生个体的活动，尤其是从构思到写作再到修改。在英语写作教学中，教师过多地讲解会浪费学生的写作时间，也会丧失学生写作的积极性。

（四）教学中忽视文化差异问题

文化因素对于英语写作教学有着重要影响，并且导致学生在写作中会遇到一些问题。首先，由于英汉思维方式的不同，这就导致学生在谋篇布局上出现困难。其次，由于英语与汉语属于不同的语系，有些词语含义是不对等的，这就导致学生容易出现用词的困境。

（五）学生的语言质量不过关

很多学生在使用英语写作文的时候往往不会使用地道的英语表达方式，所写出的英语句子存在大量的语法错误，甚至还有很多单词拼写错误。英语与汉语存在很大差异，英语词汇在词性、用法、词义、搭配等方面都有自己的鲜明特点，如果学生按照汉语的逻辑思维来组织英语作文，那么显然就会出现各种语言知识点层面的错误。

（六）学生的中式英语现象严重

我们的学生长期生活在汉语的环境下，受中国传统文化的影响比较深刻，也形成了相对固定的汉语思维习惯。然而，英语思维与汉语思维存在较大差异，汉语思维自然会影响到学生的英语学习进程，并且会带来各种消极影响，"中式英语"就是其中的一个突出表现。很多学生使用汉语的表达方式来写英语句子，所写出的句子往往词不达意，呈现出中式思维习惯，这一现象所带来的后果是比较严重的。

二、互联网背景下大学英语写作教学的原则

（一）恰当性原则

英语写作教学的恰当性是指写作任务的设计应该恰当。具体而言，写作任务需要具备如下两点特征：①能够激发学生思想交流的需求，使学生有内容进行写作；②对于学生语言能力提升有帮助，如增加词汇量、学习新句型等。

这两点虽然是对写作方法的要求，但也可以看作是对写作任务的设计要求。具体而言，如果教师想要设计出一个好的写作任务，那么就需要与学生的实际相符，让学生有充足的内容与经验展开写作。同时，还需要符合学生实际的语言能力，这样才能完成写作，将理论知识运用到具体的实践中。

（二）多样性原则

英语写作教学中需要坚持多样性原则，主要体现在训练方式与表达方式上。

从训练方式上说，教师应该采用多样化的方式，如可以通过扩写、仿写等方法训练学生的写作能力，同时教师应该把握好每一种方法的优缺点，让学生在多种方法下选择适合自己的方法。

从表达方式上说，教师应该引导学生在写作中运用多种表达方式，这样的写作才是灵活的写作。这不仅可以弥补学生写作中其他方面的不足，还可以提高学生灵活运用语言的能力。这样写出来的文章才能更引起读者的注意。

（三）综合性原则

写作这一活动并不是孤立存在的，而是与其他技能有着密切的关系。

写作并不是让学生单纯地进行写作，而是要与其他的技能结合起来。也就是说，应该将写作与听力、阅读、口语等技能相结合，只有这样才能保证写作教学的有效性，才能促进学生写作水平的提升与进步。这四项技能彼此之间是相互关联的。通过阅读，学生可以获取相关信息，并能够发现自己写作中存在的问题，通过课堂上的相互讨论，学生可以进行相互交流，提出相关修改意见，从而完善自身的写作。

（四）主体性原则

在大学英语写作教学中，首先需要凸显学生的主体性，对学生的主体性予以尊重，从学生出发来展开教学。只有将学生的兴趣和积极性激发出来，提升学生的主动性，才能让学生占据主体地位。当然，让学生占据主体性的方式有很多，其中最有效的是小组讨论。

另外，教师是否组织小组讨论、小组之间如何展开小组讨论属于过程教学法的内容，也是过程教学法的关键层面。教师在小组讨论中，不仅可以采用提问的形式，还可以采用加入的形式，让学生集体进行作答，还可以采用互相帮助的形式。

总体而言，教师要让学生参与其中，将学生的自主性发挥出来，进而让学生在活动中完成自己的写作。

（五）范例引路原则

从学生层面而言，他们在进行英语写作时，往往会出现如下两种困难：①有很多话想说，但是不知道如何下笔；②没有话可说，或者只能说出一些皮毛，很难将自己的想法深入地表达出来。

在写作教学过程中，教师要帮助学生克服这两大层面的困难。

模仿是比较有效的方法之一。教师可以在给学生一些作文命题的时候，为学生提供一些精美的写作范文，让学生根据范文来进行仿写，这样学生就会写出更为地道、合理的文章。

另外，教师也可以在学生写完之后给学生提供一些范文，让学生将自己写的作文与范文展开对比。这样有助于学生发现自己写作中的不足，找出自己写作中的问题，从而快速地提升自身的写作水平。需要指出的是，教师提供的范文应该在格式、内容、修辞等层面都能够对学生有所帮助，从而让他们能够掌握到一些写作的知识。

三、互联网背景下高校英语写作教学的创新策略

（一）重视文化知识积累

在互联网背景下，英语写作教学应该重视让学生积累丰富的文化知识，摆脱汉语负迁移作用对学生英语写作的影响。在日常的写作中，如果学生遇到困难的句子，他们往往会选择用汉语思维对句子进行组织，这样会导致明显的语言错位，这就是受汉语负迁移作用的影响而导致的。

在英语写作教学中，教师除了对学生的词汇、语法等语言知识进行训练，还需要训练他们的文化知识，避免学生出现负迁移的现象。同时，教师应该鼓励学生多进行阅读，让他们在阅读中挖掘文化知识，从而充实自己的语言，最终写出一篇得体的文章。

（二）多技能综合教学

所谓综合教学法，是指将写与听、说、读几项基本英语技能相结合，使之相互作用从而提升学生的写作能力和培养学生的英语综合能力。

1. 听写结合

听是语言输入性技能，可以为写作积累丰富的素材，加快写作的输出。教师可以采用边听边写和听后笔述或复述的方式开展教学。边听边写可以是教师朗读，学生记录，也可以是播放录音，学生记录。听写的内容可以是课文内容，也可以是其他故事或内容。

听后笔述或复述是指教师以较慢的语速朗读或者录音播放听写材料，一般朗读或播放两至三遍，在这一过程中学生只听不写，在朗读或播放录音完毕后，教师要求学生凭借记忆进行笔述或复述。在笔述或复述时，学生不必拘泥于原文的词句，也不用全部写出或背诵出，只要总结出大意即可。这种方式能有效锻炼学生的语言组织和概括能力。

2. 说写结合

说与写密切相关，说是写的基础，写与说相互贯通。以说带写，可以有效激发学生的写作兴趣，提高学生的写作能力，还能锻炼学生的口语表达能力。具体而言，教师可以采用改写对话和课堂讨论的方式开展

教学。

3. 读写结合

读与写的关系十分密切，通过阅读可以获取大量写作所需的素材，通过写作可以进一步巩固阅读能力。写作作为一种输出活动，是离不开语言知识的输入的，如果没有语言知识的积累，不可能写出内容充实的文章。阅读作为积累语言知识的重要途径，能为写作奠定良好的基础。

总体而言，在大学英语教学中，要重视英语基础知识和技能的教学，并不断进行创新，从而提高教学的质量，培养学生的英语综合能力。

第四节　教学改革背景下的大学英语写作教学

写作是基于社会交际的需求而产生的。与母语写作相比，外语写作的难度更大，它既要求学生使用外语遣词造句，熟练掌握写作的基本知识，同时要求学生以外语的思维方式将自己的思想表达出来。学生要想获得写作能力，必须经过长时期的学习与练习。就目前而言，很多学生在写作时往往会根据汉语的思维对单词进行简单的叠加，一个句子中出现多个谓语动词的现象也很常见，还有的学生在表达时乱加 be 动词等。想要从根本上解决这些问题，就要强调写作教学的重要性。

一、教学改革背景下大学英语写作教学的原则

（一）以学生为主体原则

大学英语写作教学首先要明确学生的主体地位，尊重学生的主体性，以学生为中心展开教学活动。只有激发了学生的兴趣，提高学生的学习主动性，学生才能真正成为学习的主体。其中，小组讨论就是一种提高学生主动性的有效方式。在进行小组讨论时，教师可以采取多种方式，如可采用提问法，也可以采用卷入式，还可以采用学生互助的方式。在写作教学过程中，教师应注意引导学生积极参与其中，发挥其学习的自主性，不断提高写作能力。

这里需要提及的是,强调学生主体性并不意味着学生可以自由写作,也不是对学生放任不管,而是注重学生对写作全过程的积极参与,包括提纲的拟定、资料的收集、信息的处理、谋篇布局、初稿的修改与完善等。

(二)多元化原则和多样性原则

在写作教学过程中,教师应遵循多元化原则和多样性原则。

多元化原则指教师引导学生在写作时采取多种多样的训练形式。具体而言,教师可以引导学生进行扩写、缩写、改写、仿写、情景作文等练习,通过多种训练方式使学生不断掌握写作的技巧。

多样性原则指教师引导学生在写作时采取多种多样的表达方式。多样化的表达既可以弥补学生在语言知识方面的不足,又可以提高学生灵活运用语言的能力。

(三)对比性原则

对比性原则要求教师在写作教学过程中应注意向学生传授母语与英语之间各自的特点以及二者的差别,为写作奠定基础。有很多学生虽然具备了较好的中文写作能力,但在英语写作中用英语解码与编码的能力并不强,容易将中文写作习惯机械地迁移到英语写作中去,这样写出的作文就带有明显的中式英语的痕迹。教师在教学实践中应善于对英汉两种语言与文化进行对比分析,引导学生了解这两种语言在遣词造句、谋篇布局以及思维方式等方面的差异,使学生在写作时使用地道的语言,采用英语思维,提高写作质量。

(四)综合性原则

听、说、读、写四项基本技能相互影响、相互促进。写作并不只是单纯的写,而要与听、说、读紧密结合起来,只有这样,写作课堂才会更加生动,学生写作水平的提升才会更明显。大学英语写作教学还应体现综合性原则。写作可以作为听、说和阅读的后续活动,也可以作为阅读材料来应用。

二、教学改革背景下大学英语写作教学的方法

（一）语块教学法

除了可以应用于大学英语词汇教学中，语块教学还可以运用在写作教学中。由于学生在传统的写作教学中接受的主要是知识技能的训练，再加上学生习惯于汉译英的模式，因此写出的文章很多是中式英语，用词不当、句型单一、内容缺乏连贯性的情况很常见。根据路易斯的语块教学理论，本族语人的语言之所以流利，是因为他们的词汇不是以单个词存储在记忆里，而是以短语或大的语块形式存储在记忆里，在使用的时候能够作为整体提取出来，从而减少了资源信息处理的困难。"与之相比，如果学生只学习单个单词，他们在表达思想时就会需要更多的时间，付出更多努力。针对这种情况，在写作教学过程中，教师可以采取语块教学法，培养学生的语块意识，使学生不断积累、掌握语块，这样在写作时可以迅速提取，并可以直接使用，使语言表达的自动化提高，最终写成语言地道、语义连贯的文章。

这里需要提及的是，输出是以输入为基础的，学生存储的知识越丰富，就越有利于写作的顺利进行。阅读是储存知识、增加知识输入的重要途径，阅读是写作的基础。在教学过程中，教师应引导学生进行大量的有效阅读，特别要注意提醒学生在阅读过程中根据自己的实际需要来积极吸收有用的语块，同时在进行课外交际时，组织学生逐段找出语块，对这些语块的用法与适用的情景展开讨论，同时要求学生进行造句、翻译等反复操练。为了加快学生对语块的内化过程，使学生更好地掌握新学的语块，教师可以在课堂上为学生多提供一些相关的写作训练材料。

（二）语义网教学法

语义网教学法指的是教师引导学生围绕话题，想象与话题有关的所有信息，并将这些信息填入一个网格中，从而构成一个庞大的语义网。语义网为写作提供了多种多样的素材，对学生的写作具有十分积极的作用。例如，教师可以组织学生就中西快餐的特点、优点、缺点等进行讨论，并将讨论的结果汇总成一个网格。学生的写作可以借助网格中的提

示来展开。语义网教学法不仅可以为学生提供直观的语言材料，还有利于学生的文章布局与结构安排。

（三）多媒体辅助写作教学法

多媒体能够提供丰富的资源，同时不受时空的限制，学生利用多媒体进行英语学习，不仅可以从更广泛的范围了解英语国家的文化，还可以激发自身的学习兴趣，培养自主学习能力，更大限度地实现个性化学习。鉴于多媒体的优势，教师可以充分利用多媒体来开展写作教学，通过网络平台的建设来培养学生的写作能力。目前，很多院校对大学英语写作网络平台的建设越来越趋向于人性化、多元化，并且各具特色，高等院校间可以互相借鉴，在摸索中不断向前发展。

第五节　多元文化视角下大学英语写作教学的转型

一、文化差异与大学英语写作教学

（一）语言文化差异对英语写作的影响

1. 词汇文化差异对写作的影响

对于同一个事物或概念而言，在一种语言中可能仅有一个词语来表达，而在另一种语言中就可能有多个词语来表达。中西方两种文化背景中的人进行交际时，经常会遇到理解上的困难。例如，在没有强调语境的情况下，"Mary's sister married David's brother" 很难找到汉语的对应表达，因为这里的 sister 究竟指 Mary 的姐姐还是妹妹，brother 指 David 的哥哥还是弟弟很难确定。对中国学生而言，要顺利地完成写作并提高英语写作能力，首先就要在用词上下一番功夫。英语写作的基本功就是用词准确，因为词语是语言的基本要素，所以词汇上的文化差异较为明显。例如，很多人认为"请"就是英语中的"please"。但事实并非如此，当邀请他人一同就餐时，可以在餐桌上说"Help yourself"。

词汇的意义主要由两个部分构成：内涵意义和外延意义。格言、成语和谚语作为社会语言与文化的重要部分，其不但难以理解，而且很难运用得当。如果使用不当，很容易造成误解，甚至会令对方感到不快。

2. 句子文化差异对写作的影响

（1）句子重心差异

英语句式的表达习惯先给出发话人的感受、态度或对事情作出评价，然后详细描述事情的来龙去脉，构成先短后长、头轻脚重的结构特点。

导致英语句子重心在后，汉语句子重心在前这一特点的主要原因是英汉句子结构存在差异。进一步说，英汉句子之所以会出现这么大的差异，是因为英汉语言结构不同。英语属于主语显著语言，而汉语则属于主题显著语言。英语句子的基本结构是："主语＋谓语"。这里的主语多为名词性的，谓语中必须有一个限定动词，且主语和谓语之间的动词必须在人称、数上达成一致，所以英语句子结构极其稳定。

（2）语态差异

英语中被动语态使用的频率很高。多数及物动词和相当于及物动词的短语均有被动式。英语被动语态通常可以用于下面几种情况：当不必说明行为的执行者时；当不愿意说出执行者时；当无从说出执行者时；当考虑到便于上下文连贯衔接时等。相反，汉语中很少用到被动语态。

汉语中很少使用被动语态是由于其频繁使用"主题＋述题"结构；受中国人思维习惯的影响，中国人注重"悟性"，强调"事在人为"和个人感受等，所以很少用到被动语态。

（3）语序差异

由于中西方人的思维方式不同，所以英汉语言的表达顺序也有所不同。通常而言，英语的表达顺序是："主语＋谓语＋宾语＋状语"（方式、地点、时间）（一般定语必须后置）。汉语的表达顺序是："主语＋状语（时间、地点、方式）＋谓语＋宾语"（一般定语必须前置）。

英汉语序存在差异的主要原因是英语民族强调"人物分立"，注重形式论证与逻辑分析，崇尚个体思维。受这种文化背景的影响，英语母语者的语言习惯多为"主语＋行为＋行为客体＋行为标志"，即以综合型为主，向分析型过渡，这就使英语句子表达呈现出"主语＋谓语＋宾语

+ 状语"的语序。尽管这些成分不失变化，但总体上是比较固定的。相反，以汉语为母语的民族强调"物我交融""天人合一"，注重个人的感受，崇尚主体思维。中国人的语言习惯呈现出"主体 + 行为标志 + 行为 + 行为客体"的特点，进而使语言形成"主语 + 状语 + 谓语 + 宾语"的语序。

（二）社会文化差异对英语写作的影响

受中西方社会文化背景及思维方式差异的影响，学生在英语写作过程中的用词和造句也会产生较大差异。例如，在英语写作中，很多人都会将"端午节"写成 Dragon Boat Festival 或 Double Fifth Festival，而这两种不同的表达方式正是作者对"端午节"一词所承载的文化内涵的微观写照，传递给读者的信息是一种直观的文化生活行为。

二、多文化视角下大学英语写作教学的方法

（一）文化导入法

我国学生的思维方式、表达习惯等都受到汉语文化的影响。为了避免汉语文化对学生英语写作带来负面影响，教师应通过多种渠道帮助学生理解中西方的文化差异，并掌握这种差异带来的英汉写作上的不同，以提高学生的英语语言应用能力。具体地讲，教师可以安排学生与外籍教师、学者等用英语进行沟通，了解西方文化的方方面面，也可以利用图片、音频、视频等教学手段为学生创造有利的英语学习环境，让学生尽可能多地了解英语文化的背景。长此以往，学生既加深了对英语的感知力又开阔了视野，并渐渐养成用英语思考、表达的习惯，从而能用英语写出地道的文章来。

（二）对比分析法

中西方文化的差异使英汉语篇的写作也产生了差异。因此，教师在英语写作教学中可以帮学生演示与剖析英汉语篇在遣词造句、文章结构等方面的差异，引导他们在写作时有意识地避免受汉语思维的影响，写出更符合英语表达习惯和英美文化的文章。例如，在英语精读教学中，教师可以对课文进行细致的分析，剖析课文是如何发展主题、组织段落、

实现连贯的，使学生了解并掌握各类文章的写作技巧、注意事项等，从而建立起对英语语篇结构的立体、综合的认识。此外，教师在批改学生作文时应明确指出学生写作中不符合英语表达习惯的语句，并注明正确的英语表达，使学生更清楚地看到差别，并在不断修改的过程中逐渐学会用英语进行思考与表达。

（三）仿写训练法

受汉语思维的影响，很多学生写文章时都有套用汉语思维的习惯，一边想汉语是如何说的，一边将其翻译成英文写出来。这种接近"汉译英"的写作模式不但效率低下，而且还会造成汉语思维和表达习惯对英语写作的负迁移作用。

为了使学生克服机械低效的写作方式，在英语写作教学中，教师应引导学生对一些英文材料进行仿写。通过仿写，学生不仅能够积累一定的英语写作素材，还能清楚、快速地了解地道的英语语篇应如何展开，从而培养学生良好的英语语感和写作习惯。需要注意的是，仿写材料既可以是教材中的英语课文，也可以是文学名著。此外，教师也要鼓励学生使用词典等工具书来辅助表达。

（四）读写结合法

读是语言输入的一种方式，写则是语言输出的一种方式，读和写有着密切的关系。具体来讲，读是写的基础，读可以为写积累语言材料，读不仅能够使学生知道写什么，还能使他们知道如何去写。在英语写作教学中，教师一定要运用读写结合的方法来引导学生写作。

教师可以引导学生阅读大量题材广泛、体裁各异的英语材料，以此来了解英美人士的思维方式、价值观念、道德标准、社会文化、历史传统等，并为英语写作积累素材、培养语感等。另外，教师应帮助学生养成边读边做读书笔记、读书心得的习惯，从而为拓展思路、汲取经验、模仿写作做铺垫，这样学生才能更快、更有效地提高英语写作的水平。

第六章 大学英语阅读教学多维探究

第一节 大学英语阅读教学

一、阅读与阅读能力

（一）阅读

简而言之，人们经常说的"看书"或"读书"就是阅读。对于阅读这一概念的分析，通常有狭义与广义之分。狭义层面的阅读指的是利用视觉感官，通过思考对文字、文本所标的内容与意义进行理解的一种智力活动。广义层面的阅读指的是借助于人的视觉、触觉（手或皮肤），通过心理加工来理解文字、标符、图案、自然现象和社会现象及其状态的内容和意义的一种复杂的心理活动、行为或过程。阅读的目的与理解过程也属于广义阅读的范畴。要想完成阅读，应做到如下几点：①弄清楚文本和印刷品之间的联系；②对生词进行解读；③流利地朗读文本；④了解阅读文本的背景信息；⑤采取一些积极的构建语义的策略；⑥发展阅读动机，并使阅读动机得以保持。

（二）阅读能力

培养并提高学生的阅读能力是英语阅读教学的目标之一。阅读能力是学生自学能力的基础，同时也是培养自学能力的重要途径。

胡春洞认为，阅读能力，即阅读理解能力。他认为，阅读能力包括四个方面的能力：①阅读语能，指的是认识字词、懂得语法的能力；②阅读才能，指的是对言语作品进行理解的能力；③阅读智能，指的是对交际意念进行理解的能力；④阅读技能，指的是控制并调节阅读中的心智活动的能力。阅读能力是一种综合性的能力，通过阅读的过程体现出来。

章九和认为，阅读能力包括以下方面：①掌握阅读材料的主旨大意及与之相关的细节与事实；②理解具体事实与抽象概念；③理解每个句子的含义，理解上下文的逻辑关系，同时具有根据上下文逻辑关系进行推测的能力；④理解字面意思与深层含义；⑤能结合常识与阅读材料进行相关推断与引申；⑥能结合上下文对生词含义进行猜测与推断。

阅读能力主要包括阅读速度与理解程度两个方面。阅读速度是读者在单位时间内所阅读文章的长度；理解程度是读者对所读文章的理解程度。阅读的流畅程度与理解的准确程度是评价一个人阅读能力的标准。此外，胡建认为，阅读能力除了包括阅读速度、理解程度之外，还包括阅读的灵活性。阅读的灵活性指的是能根据不同的阅读材料与阅读目的相应地对阅读速度与阅读方法进行调整。

阅读能力受多种因素的影响。其中，影响阅读速度的因素有对速度技巧的熟练程度、视幅大小以及视读能力的强弱等；影响阅读理解程度的因素主要是语言能力，具体指词汇量、语法、背景信息等方面的知识与能力。除此之外，阅读能力还会受读者注意力的影响。

二、阅读教学的内容

英语阅读教学应帮助学生提高阅读能力，使学生能够快速、有效地获得所需知识、信息。大学英语阅读教学的内容主要是对学生阅读技巧的培养，主要涉及以下几个方面。

（一）词义猜测技巧教学

词汇障碍是我国学生进行英语阅读的一大障碍。词汇障碍一方面是指词汇量不足，另一方面还涉及学生对生词的心理障碍以及缺乏词汇处理技巧等。传统的阅读教学存在一个弊端：教师往往在学生阅读文章之前就将新单词逐一呈现给学生，这样，在阅读过程中学生也就不需要猜测新词的词义。长此以往，培养词义猜测的技巧便被师生忽视了。因此在英语阅读教学中，教师要适当地呈现新单词，教会学生必要的词义猜测技巧。

词义猜测是根据上下文语境，以及学生对词汇结构的认识等线索来推断词义。以下介绍几种常见的猜测词义的方法。

1. 利用构词法猜测词义

从构词法的角度而言，单词可以由三个部分组成："前缀 + 词干 + 后缀"。其中，词干决定单词的基本词义，在基本词义的基础上，单词加上前缀可以进一步衍生出不同词义的单词，而后缀通常用以表明词性。在进行词义猜测时，学生可以运用构词法方面的知识，对生词加以识别、猜测。其中，最关键的是要知道词干的基本意思。

2. 利用同义词和反义词猜测词义

另一种常见的方法即用同义词或反义词来猜测词义。英语中有大量的同义词和反义词，在同一篇文章中，为了避免单调乏味的表述，作者通常都会变换词汇，或者变换句式来实现表达的多样性和灵活性。因此，在英语阅读中遇到新单词时，教师可以引导学生寻找文章中是否有相似或相反的表达法。需要强调的是，这里所说的"同义词"和"反义词"并不仅仅指单词与单词之间的对应关系，也可以指单词与词组之间、单词与从句之间的对应关系。

3. 根据定义式线索猜测词义

有些情况下，为了更好地表达思想，作者通常会在文章中对一些重要的术语、概念或词汇给出定义。学生在英语阅读中遇到生词时，可以利用这些定义或具有解释性的信息来猜测词义。一般情况下，作者在给出定义时往往会用到一些线索词，如 be called，be known as，be defined as，refer to，in other words，that is 等。有时作者还会使用标点符号，如逗号、冒号、破折号、括号，或使用一些特殊字体如斜体或加粗等来给出定义。

4. 根据举例猜测词义

举例能把一个抽象的词变得具体化，因此，学生可以通过寻找例子中的共性猜测出生词的词义。暗示举例的指示词通常包括 for instance，for example，like，such as 等。

5. 根据阐述猜测词义

阐述与定义有相似之处，但它没有定义详细、严谨，但是阐述提供的信息足以帮助我们猜测生词的词义。阐述的部分可以是词、短语或者句子。阐述与被阐述的部分通常以同位关系出现。构成同位关系的两部分之间一般用逗号连接，有时也使用冒号、破折号、引号或括号。同位语前通常会有标志词出现，如 namely, similarly, or, that is to say, in other words 等。

6. 根据生活经验和常识性线索猜测词义

这种技巧是指根据句子、段落、篇章以外的其他知识来猜测词义。有时，当分析篇章的内在逻辑无法猜测出词义时，学生就需要运用生活经验和一般常识来确定词义。

（二）预测技巧教学

阅读不是单向、线性的被动信息传递的过程，而是一个主动获取信息的过程。在阅读过程中，学生需要不断地进行预测，然后经过验证与修正来证实或者否认预测。在实际的阅读中，预测有利于提高学生的阅读效率和准确率，有利于增强学生的阅读兴趣。在英语阅读教学中，教师要教会学生预测的技巧。预测分为两种：一是对文章主题和体裁的预测；二是对篇章结构和段落层次的预测。

1. 对文章主题和体裁的预测

学生可以通过文章的标题来对文章主题和体裁进行预测，因为标题通常是对一篇文章内容最核心的提炼。

2. 对篇章结构和段落层次的预测

一篇文章往往会按照一定的逻辑顺序发展。记叙文通常按照事件的发生顺序进行叙述，所以学生能够预测到篇章的安排顺序；描写文大多按照空间顺序或时间顺序等进行描写；而议论文和说明文一般由三大部分组成，即开篇、正文、结尾。对文章的篇章结构进行预测能帮助学生快速掌握文章的写作思路，确定文章的中心内容。此外，段落安排也有一定的组织方式，比如定义法、分类法、例证法、因果法、归纳法、演绎法、比较与对比法，以及按照空间、时间、过程等顺序展开。抓住了段落组织方式，学生就能较容易地抓住段落的中心内容和逻辑。

（三）略读技巧教学

略读是指通过快速浏览阅读材料的方式来抓住文章的中心思想或主

要内容。在英语阅读中，学生不需要细读全文，要有选择性地跳过次要部分，集中阅读有助于把握文章主题的关键信息。略读对学生的阅读速度要求较高，通常要达到一般阅读速度的两倍左右；相对而言，略读对阅读精度要求较低，学生只需对全文有一个大概的理解。在英语阅读教学中，教师要有意识地训练学生的阅读速度，细致地、有针对性地指导学生进行略读。教师一般采用关注文章的首段和末段，找出文章的主题句和关键句，选出文章标题等练习活动来培养学生的略读技能。

（四）寻读技巧教学

寻读是指在阅读过程中忽略次要的或不相关的内容，其目的是在阅读材料中查找出某特定的具体的细节信息或事实。与略读不同，寻读是一种选择性的阅读，其阅读的重点在于寻找具体信息，而不在于对全文的理解。寻读有利于提高学生的阅读速度和准确度，有助于增强学生定位信息的能力。教师一定要注意在英语阅读教学中训练学生的寻读技巧。作为一种阅读技巧，寻读的基本步骤如下。

1. 在寻读开始之前，确定所要寻找的具体信息

换句话说，学生需要带着问题进行寻读。这就要求学生查找并确定文章内容的关键词或主题词，利用文中有关的暗示和线索，以最快的速度寻找需要的某个具体细节。

2. 在确定寻找内容之后，确定信息可能出现的形式

比如，学生要想知道某个时间，那么他就需要集中注意力去寻找各种时间的表达形式，如日期、年份等；学生要想寻找书名、报刊名，那么就需要重点关注斜体字；如果学生需要寻找的是有关一个人的职业的具体信息，那么就应该留意如 work，employment，occupation 此类的同义关键词。

3. 在文中迅速移动视线，定位关键词

找到关键词之后学生可以降慢速度，仔细阅读关键词周边的信息，直到找到所需的具体信息。找到所需信息后，整个寻读过程结束。

三、阅读教学的原则

（一）真实性原则

真实性原则包括两个方面：阅读材料的真实性和阅读目的的真实性。

阅读材料的真实性是指教师所选择的阅读材料最好是学生喜闻乐见，是与学生的日常生活相关的文本材料，材料所使用的语言应符合学生的语言水平。不同的阅读材料可以用来训练学生不同的阅读技能，从而提高学生的综合阅读技能。

阅读目的的真实性是指教师根据教学目的选择合适的教学方法，设计合适的、有针对性的阅读教学活动。这是因为人们的阅读活动通常具有一定的目的性，如获取信息、验证已有知识、了解作者思想和写作风格等。阅读目的不同，教学方式也应有所不同。需要注意的是，不管学生出于何种阅读目的，教师都不应忽视学生的实际学习需求，这样才能充分调动学生的积极性。

（二）激发兴趣原则

兴趣是最好的老师，强烈的学习兴趣往往能够驱动学生更加积极主动地学习。对英语阅读教学而言，兴趣因素在很大程度上决定了阅读教学的成败。尤其是对大学生而言，课堂时间毕竟是有限的，而只有出于兴趣，学生才会在课外主动地去阅读。教师在阅读教学过程中一定要时刻注意激发学生的阅读兴趣，保持学生对阅读教学的新鲜感。例如，教师可以适当变化课堂教学内容、教学形式及教学手段，避免枯燥单一的教学活动，从而使学生乐于阅读，擅长阅读。

（三）因材施教原则

学生是学习的主体，然而学生与学生之间无论是在个性上还是在语言水平上，都不可避免地存在一些差异，因此学生的阅读能力就会有所不同。对此，教师必须遵循因材施教的原则，选择合适的教学方法满足不同水平或层次的学生的特殊需求，使每个学生的阅读技能都能得到提升。对于阅读能力较差的学生，教师应选择较容易的阅读材料，设计较简单的问题，学生顺利完成这些问题后往往可以重树信心，以更大的热情投入学习中去。在学生有了一定的积累以后，教师可适当加深难度，使学生的阅读能力再上一个台阶。教师还应注意学生的学习反馈，及时调整教学活动。对于阅读能力较强的学生，教师可推荐一些世界名著、有名的期刊报纸等阅读材料，同时布置一些富有挑战性的任务，在增长见识的同时挑战新的高度，从而达到更高的阅读水平。

（四）多样性原则

多样性原则包括两个方面：形式的多样性和内容的多样性。形式的多样性要求阅读材料不能局限于一种体裁，而应经常变换体裁，使学生熟悉各种题材的行文特点，培养与之对应的阅读技巧；内容的多样性要求阅读材料不能局限于一类主题，而应经常变换题材，增加阅读的新鲜感，开阔视野，使学生足以应对各种题材的文章。教师可根据多数学生的兴趣、爱好和需求，选择适合多数学生实际需求的阅读材料，提高阅读的实用性，满足学生实际的、多样的需求。

四、阅读教学的方法

（一）阶段式教学法

阅读教学可以分为阅读前、阅读中和阅读后三个阶段，每一个阶段都有不同的特点和方法。在阅读教学中，教师可以在阅读的不同阶段实施不同的教学方法。

1. 阅读前的方法

（1）扫除障碍

词汇是影响学生阅读的最主要因素，教师在阅读教学中可以利用不同的方法帮助学生扫除障碍。在教学过程中教师应采用对话、故事、图片等形式，设计语境为学生导入词汇。此外，教师还可以在课前指导学生进行预习，并布置一些适当的预习题，这样不仅能培养学生学习的积极性，还能帮助学生明确预习目标，做到有的放矢，并能为课堂教学的顺利进行做好心理和知识的准备。

（2）逐层扩展

词汇是阅读的基础，词汇依据一定的法则可以组成句子，句子根据一定的连接关系又能组成不同的段落，相关段落的连接就构成了一篇文章。英语阅读同样需要语法知识来作为支撑，因此在阅读教学中也要进行语法教学。在学习新的语法知识时，教师可通过复习旧的语法知识引出新的语法知识，从而实现知识的再现和滚动，增强学生的记忆，巩固学生的知识。

（3）预测情节

预测阅读内容的情节对阅读的顺利完成具有很大的促进作用。因此，教师可以在课前让学生根据题目或关键词，大胆地想象、预测故事的情节，从而激发学生的积极性，引发学生对阅读的兴趣。对文章的情节进行预测不仅可以巩固学生对已有知识的掌握，还可以培养学生的逻辑推理能力，为学生准确把握文章的主旨提供有利帮助。

（4）激活背景

语言是文化的载体，语言也是文化的一种具体表现形式，英语学习不仅包括对英语知识的学习，而且还包括对英语国家文化的学习。学习一种语言的过程就是学习另一种文化的过程。在英语教学中教师应该为学生提供一定的英美国家的文化知识，使学生对英美国家的社会文化以及思维模式有一定了解。

2. 阅读中的方法

（1）略读

略读是指一种选择性阅读。略读的目的是通过对文章大致内容的阅读来快速了解文章的大意。略读主要包括对文章的主题、标题、黑体、画线部分、关联词，每段的首句和尾句以及文章的首段和尾段的内容的了解。

（2）跳读

跳读的方法适用于阅读目的比较明确时，例如，如果问题是关于时间的，学生就可以采用跳读的方法，对有关时间的内容进行阅读和了解，对于其他信息则可以不考虑。

跳读不仅可以帮助学生快速地进行语言信息的比较、筛选，还可以提高学生的语言敏感度以及对于重要信息的捕捉能力。教师在阅读教学中应该有意识地培养学生的跳读意识和跳读能力。

（3）主题句意识

文章的主题句是文章理解的关键，而英语文章中主题句的位置相对固定。分为以下三种情况：①主题句在段首。英语的表达习惯一般是先给出观点和想法，然后再对观点进行具体阐述。因此，主题句一般位于段首。②主题句在段尾。英语中的主题句也会位于段尾，文章的开头部分是作者对细节问题的描写，并逐层根据细节概括出文章的主题。③主题句暗含在段落中。主题句有时也会位于段落的中间，此时段首的句子是对主题的铺垫，而主题句之后的句子则是对主题的进一步阐述。

3. 阅读后的方法

在英语阅读教学中，阅读后的阶段也是一个重要环节。很多教师在阅读完成后认为阅读教学已经结束，对阅读后的教学没有足够的重视。阅读后的环节是对知识的巩固，教师应尽量开展一些活动以充分发挥学生的创造力和想象力。

（1）复述

复述是对阅读内容的一种回顾，复述的前提是学生对阅读材料已经有了一个大致的了解且没有生词障碍。在这一前提下，教师可以让学生根据图片和关键词对阅读材料的大致内容进行复述。复述不仅可以体现学生对阅读材料的理解程度，也可以通过阅读来提高学生的口语能力。

（2）填空

教师在学生完成阅读后可以写出文章的大体内容，留出细节部分让学生来补充。学生在补充内容时，既可以巩固阅读的内容，又可以提高自己的语言组织能力。学生在补充内容时应尽量使用不同的词和短语进行表达，从而有效提高自己的知识运用能力。

（二）游戏教学法

游戏教学法是指在阅读教学中开展一些有趣的活动来激发学生的阅读兴趣。

1. 图片故事

该方法利用学生对事件的预测来激发其阅读兴趣。教师可以根据故事情节的发展制作一些图片，这些图片是对一个事件的整体描述。将学生分为四人小组，教师首先向学生展示第一幅图片，学生根据图片的内容对接下来即将发生的事情进行预测；接着教师展示第二张图片，学生根据图片的内容对自己的预测进行修正，这样周而复始，直至图片展示完毕。最后教师引导学生进行文字材料的阅读，对比文字材料与图片的差别。

2. 学习日志

学习日志有助于提高学生的文章结构意识，对段落、文章等形成整体的构架。教师可以让学生将一张纸对折撕开，在阅读时将主要内容写在其中一半纸上，自己对这些内容的理解写在另一半纸上，然后让同伴或全班同学对所写内容进行讨论。

第二节　多模态理论在大学英语阅读教学中的应用

随着新媒体的不断发展，将多模态理论应用于大学英语阅读教学是大势所趋。新媒体时代的英语教学具有新的特点和任务，教师可以在英语阅读教学中采用有效的指导和引导、批判性解读等辅助方法，通过多种工具和多种符号进行整合教学，使学生的多模态识读能力不断提高，最终促进学生批判性思维能力和跨文化意识的形成。在英语阅读教学中培养多模态识读能力，可以加深学生对英语文章的理解。

一、大学英语阅读教学中多模态理论应用的必要性

（一）时代发展的必然结果

随着全球化时代的到来，英语已成为世界通用语言，每天有大量的英语文章、新闻及其他资讯发布在各类报纸和网络上。全球化时代要求人们及时掌握最新的信息，把握现代发展的动向，而最好的办法就是直接阅读相关英语文献资料来获取所需信息。一方面，由于信息技术飞速发展，这些文献资料一般以印刷品、图像等多模态语篇形式来传递。另一方面，互联网已成为当今世界主要的信息来源，英语则已成为互联网

使用最频繁的语言，互联网上 80% 的信息是用英文存储的。计算机界面本身是多模态的，网络文本也应该是多模态的，因此，应将多模态理论应用于大学英语阅读教学，培养学生阅读多模态语篇的能力，即培养学生的多模态识读能力，以帮助学生适应全球化背景下急剧的社会变化，迎接社会、经济、科技发展所带来的挑战。

（二）充分理解语篇的需要

读者阅读语篇的目的是理解语篇，从语篇中获得所需信息。系统功能语言学认为，选择就是意义，形式是意义的体现。语篇作者不应局限于使用语言这种单一传统的表达方式，而选择两种或两种以上的模态、两个或两个以上的符号系统来创作多模态语篇，通过多模态形式呈现其要表达的意义。

语篇作者使用多模态的目的在于一种模态不足以表达清楚交际者的意义，从而利用另一种模态进行强化、补充、调节、协同，以更加充分或者尽量充分地表达意义，让听话者理解话语。也就是说，讲话者使用不同模态的话语旨在体现整体意义。语篇的多模态性对读者从新的视角更好地理解语篇起着非常重要的作用。读者如果只理解多模态语篇中语言部分的意义，而不理解其他模态的意义，也就不能充分完整地理解该语篇的整体意义。

（三）培养阅读兴趣的需要

在全球化时代，阅读英语文献资料已成为获取最新信息的主要手段，因此培养学生的阅读兴趣在英语阅读教学中显得尤为重要。传统意义上的阅读教学只注重语篇中的语言文字而忽视其他模态，将培养语言读写能力作为课堂教学的唯一目标。这种单一的阅读教学使课堂发展成以教师灌输为特点的过度"填鸭式"教学，也不可避免地使学生感到劳累、单调、乏味，成为消极被动的学生，更谈不上培养阅读兴趣与阅读主动性。而多模态理论应用于大学英语阅读教学，可以通过多种模态或多种符号系统丰富阅读教学内容、教学形式和教学手段，有效地吸引学生的注意力，并能够使学生积极参与课堂教学，直接感受阅读的乐趣，从而激发学生的阅读兴趣。

二、大学英语阅读教学中多模态理论应用策略

（一）英语教师应该做好课前准备工作

在多模态理论指导下的大学英语阅读教学中，教师需要做好事前的准备工作，即教师布置课前预习任务。具体而言，英语教师可以充分利用现代化的科学技术与手段，布置一些具有特色的预习任务，激发出学生的学习兴趣，让他们积极主动地投入英语阅读的预习任务中，并从中找到相关的问题和解决问题的有效方法。这就是说，英语教师在多模态教学理论指导下，要让学生从英语学习内部寻找到积极的学习动力，并内化为自己的学习动机，引导学生自愿地完成学习任务。当然，这种课前预习工作是需要教师与学生共同完成的。在教师为学生准备好相关阅读材料之后，学生要通过教师提供的文字、图片或动画等教学形式，使用自己的视觉、听觉或触觉等模态来主动创建一个阅读语境，学生还需要在阅读过程中自己发现问题并解决问题。此外，学生对于这些阅读文本的内容，应该充分发挥出自己的想象力，开发各种模态的资源，并在规定时间内完成这些阅读任务。

（二）英语教师应该精心备课并做好课堂合作教学

英语教师在进行阅读教学前，还需要做好备课工作。这就要求教师综合考虑到各种教学环境与教学条件，尤其是需要现代化的教学设备来为多模态教学提供必要的物质载体。教师需要通过现代化的教学设备来向学生呈现出多模态的教学内容，让学生可以利用自己的多种感官来进行英语阅读学习。同时，英语教师还应该在阅读教学过程中充分发挥自己主导者的地位与作用，选择合适的教学内容与教学模式，准备好合适的教学道具与辅助材料，刺激学生的多种感官，调动学生的原有知识框架，引导学生进行独立且积极的思考，在解决问题中逐步形成自己的英语思维。教师应该指导学生不仅要使用文字信息，还要能够利用非文字信息，有效且准确地理解多模态语篇的内涵与意义。

（三）英语教师要对学生提出多样化的课后要求

在英语阅读课堂教学结束之前，教师应该对课堂教学状况进行一次

回顾性的总结，从而为下次课堂教学提出一定的整改要求。总结之后，教师需要布置一些课后学习任务，即口头、书面或实践性作业。在学生完成课后作业的过程中，教师可以通过网络平台等现代化的通信工具与学生进行沟通与交流，还可以让师生间以及生生间进行相互评估。这样的互动交流更为隐蔽，对学生和教师造成的心理负担较小，有利于提高评估内容的真实性与准确性。教师可以依据这些评估结果来重新审视自己的教学模式，并做出一定的变动，进一步提高阅读教学水平。教师布置的课后任务可以通过多模态的展示方式，让作业形式变得更为灵活多样，内容更为丰富多彩，在学生被激发出学习积极性与主动性的同时，教师也可以改善自己的阅读教学效果，提高英语阅读教学的趣味性与互动性。

第三节　教学改革背景下的大学英语阅读教学

阅读是一种重要的认知活动，是人类接受知识与认知世界的重要途径。就英语学习而言，阅读是一项重要的语言输入方式。大学英语教学的重要目标之一就是培养并提高学生的阅读能力。大学英语阅读教学越来越得到重视。

一、教学改革背景下大学英语阅读教学的原则

教学原则对教学实践具有重要的指导作用。在教学改革背景下，大学英语阅读教学应遵循以下几项原则。

（一）真实性原则

大学英语教学应坚持真实性原则，具体要做到两点：阅读材料要真实；阅读目的要真实。

1. 阅读材料要真实

在选取阅读材料时,教师应尽可能地选择用本族语言编写的材料;同时考虑学生的实际交际需求，尽可能选择多样化、与学生学习水平相符

的阅读材料。

2. 阅读目的要真实

不同的阅读活动往往有不同的目的，不论出于何种目的，都应以真实为前提。学生阅读可能是为了验证自己已有的知识，也可能是为了获取特定的信息。教师应注意考虑学生的各种阅读目的，有针对性地展开教学。

（二）因材施教原则

学生个体之间存在很大差异。教师在阅读教学过程中，应注意学生的这些差异，考虑不同学生的不同需求，最终使每个学生都能学有所得，取得进步。对于基础相对较好的学生，课堂阅读一般不能满足他们的自身需要，这时教师可以布置难度较高、具有挑战性的任务，使他们的需求得到满足；对于那些基础比较差的学生，教师应给他们提供相对简单的阅读材料，然后逐渐增加材料的难度，不断提高学生的自信，激发他们对阅读的兴趣。总体而言，在阅读教学过程中，教师应首先了解并分析每个学生的个性特征、学习水平等，然后对不同的学生提出不同的要求，采用不同的方法或技巧，做到因材施教。

（三）速度调节原则

学生普遍认为阅读速度与阅读能力成正比，这并不是完全正确的。有的学生阅读速度快，但是其理解能力比较差；有的学生阅读速度慢，其理解能力也很差。这就要求教师应根据不同的阶段与不同目的，合理调整学生的阅读速度，做到张弛有度。在阅读教学刚开始时，教师应引导学生放慢阅读速度，注重对材料的理解。随着学生词汇量的增多以及语法知识的积累，学生的语感掌握能力也会随着提高，这时教师应提高对学生阅读速度的要求，可以对学生进行限时，逐步增加训练难度。与此同时，也不能忽视学生对阅读材料的理解。

（四）循序渐进原则

阅读能力的提高并不是一朝一夕的事情，它对读者的词汇量、语法知识、文化知识等都有一定的要求。同样，阅读教学的目标也并非短时间内就可以完成的，而是一个循序渐进的过程。在阅读教学中，教师需要一个合理的总体设计与长远规划。在教材的选择、阅读方法的确定、任务的明确以及教学效果的反馈等方面，教师都应进行全面细致的考虑，引导学生找出适合自己的阅读方法，一步一个脚印，逐渐提高学生的阅读水平，有效地完成阅读任务。

二、教学改革背景下大学英语阅读教学的方法

教学方法对教学质量具有至关重要的作用。在教学改革背景下，要想切实提升大学英语阅读教学的质量，就应根据教学目标以及学生的实际特点选择适当的教学方法。下面介绍一些有效的大学英语阅读教学方法。

（一）语篇教学法

图式理论认为，如果学生了解了某一体裁、题材的语篇材料，就可能对该材料在遣词造句、框架结构等方面形成整体认知，下次遇到这类阅读材料就能从脑海中调出相应的图式，以辅助阅读理解。在大学英语阅读教学中，教师就可以从整体入手，然后到局部，最后回归到整体来进行教学，这种方法就是语篇教学法。在大学英语阅读教学中，语篇教学法可按照以下步骤进行。

1. 解析语篇体裁，掌握篇章结构

了解特定的语篇体裁，有助于快速、准确地预测文章的内容。在语篇教学中，对篇章结构进行语篇分析是一项重要的内容。这既有利于培养学生的阅读理解能力，还有利于提高学生的语言综合运用能力。

阅读材料的体裁有多种，英语阅读教学中常见的阅读材料主要是记叙文与说明文。记叙文包括传奇故事、传记等，说明文则一般涉及饮食文化、科学技术、自然灾害、环境保护等。

如果阅读材料是记叙文，教师应首先引导学生了解记叙文的特点，然后让学生开始阅读，引导学生关注事件发生的过程，抓住文章的主要内容，从而对文章内容有一个正确的理解。此外，教师也可以让学生有意识地记忆文章中的一些细节信息，让他们借助这些信息来对文章进行复述，有利于降低理解和复述的难度。

如果阅读材料是说明文，教师首先要求学生大致了解说明文的性质、描写重心等，从而对文章有一个整体的认识。教师可以根据举例、分类解释、对比、因果等对说明文进行分类，使学生更好地理解说明文的特性与写作展开的手法。

2. 激活背景知识，拓宽理解视野

背景知识是理解语篇必备的外部语境。因此，在采用语篇教学法时，教师应注意激活学生的背景知识，从而使学生对文章有更深入的理解，同时有利于学生把握文章的中心思想与作者的写作目的。提问就是激活背景知识的一种常用手段。

3. 词句融入语境，获得整体理解

在语段学习中，词是最基础的部分，也是培养语篇阅读能力的前提。因此，语篇教学不仅应关注篇章结构与背景知识，还应注重词汇知识。

同一单词在不同的句子中具有不同的含义，而同一句子在不同语篇中，其所表达的含义与交际功能也有所不同。要将句子置于具体的语境中进行考查，如果句子脱离语境，就难以确定其交际功能，也不能起到应有的交际功能。大学英语教学应突破句子范围，关注句子在特定语篇中所具有的作用。

总体而言，在不影响阅读理解的前提下，处理词、句子以及语法时不必逐句释义。在英语阅读教学中，教师应培养学生根据上下文猜测词义的能力，使学生从语篇出发对词句的含义进行把握，将词句融入语境加以理解。

4. 逐段消化吸收，把握段落结构

在该阶段，教师应指出阅读材料中的重要短语、句型、固定搭配等语言点，并引导学会进行造句练习，达到学以致用的目的。

教师应有意识地向学生说明段落主题句经常出现的位置、段落的构成、每个段落在语篇中的作用，这样有利于学生对各段的意义与作用有一个整体的理解与把握。

5. 围绕阅读教学，进行综合训练

语篇教学的主要目的是将所学知识内化为语言技能，进而将语言技能转化为交际能力。在学生对语篇的内容、结构以及融合的知识有一定

的了解与掌握后，教师可以引导学生进行整体吸收、运用，如指导学生根据篇章中的信息展开交际活动，如缩写、转述等，就作者的观点展开讨论，依据篇章中的重点词汇与句型进行说写活动等，使学生的语言表达能力与交际能力得到培养与提升。

将语篇教学法运用于大学英语阅读教学具有明显的优势：注重学生的主体地位与主体参与性，明确阅读教学的目的，强调学生能力的全面培养。

（二）讲授阅读策略法

有效的阅读策略有利于提高阅读效率。在大学英语阅读教学过程中，教师应给学生讲授一些常用的阅读策略，如略读、查读、猜测词义、寻找主题句、推理判断、识别指代关系、复述、转述等。

1. 略读

略读是以快速浏览的形式来获取文章的大意。略读是一种选择性阅读，学生在阅读时可以有选择地进行跳跃式阅读，通常只需要选读每段的首、尾句，有时只要指出段落的主题句，把握重点事实和细节即可，速度一般为每分钟 400 词左右。略读通常要留意以下几方面的内容：①文章的题目、小标题、黑字体、斜字体以及画线部分；②文章的开头与结尾；③文章每一段的段首和段尾；④文章中与主要内容相关的信息词，如表达逻辑关系的提示词。

2. 查读

查读也是一种快速阅读方式。查读的目的性很强，主要是从阅读材料中快速、准确地查询特定的细节内容。

查读时应注意下面的信息：标题、图表，关键词、主题词、专有名词、版式以及印刷特点等。

3. 猜测词义

猜测词义主要是通过上下文或一些词汇结构知识来对词性或词义进行推断。猜测词义的方式有很多，如利用信号词猜测词义，信号词在上下文中起着纽带作用，这些词可辅助学生猜测生词词义；根据词汇构成猜测词义，学生可以根据构词法的知识尤其是词根、前缀、后缀的意义等来猜测词义；结合实例猜测词义，有时下文中给出的例子会对上文中提到的事物进行解释，此时可以结合例子来猜测生词的含义；依据意义上的联系猜测词义，有时句子中的词语或上下文之间在意义上有着一定的联系，可依据这一联系来猜测词义。

4. 寻找主题句

文章的主题句一般都体现了作者的写作思路以及想要表达的中心思想，因此，找到主题句是理解文章含义的关键。

主题句的位置较灵活，可位于段首，可位于段尾，也可同时位于段首与段尾，有时也可能暗含于段落中间。

作者一般会在文章的开头就引出话题，接下来就会针对这一话题进行具体的阐述，因此主题句常出现在段首。主题句在段首既可以使人一目了然，也易于把握。

主题句位于段尾时，主要是对上文所做的总结，也可能是对上文的描述提出的建议。

当文章的主题句同时出现在段首与段尾时，段尾的主题句既是对段首主题句的重复，同时也是对段首主题句的延伸与呼应。段首与段尾的主题句在用词和结构上有很大的不同。

有时，文章的主题句暗含于段落之中，这就需要读者捕捉文章的细节信息，同时根据这些细节信息对文章的中心思想进行总结。

5. 推理判断

在阅读过程中，并不是所有的信息都可以从文中的字面意思看出来，因此阅读时需要进行推理判断。推理判断要求学生在理解全文的基础上，根据文章的各种信息对文章加以逐层分析，从而准确推断出文章的中心思想。推理判断有直接推理判断与间接推理判断两种形式。

直接推理判断要求学生既要理解原文的表层意思，同时还要根据文章中的信息对文章的结论进行推断。直接推理判断题型中一般会含有一些标志词，如 suggest, infer, imply, conclude 等词。

与直接推理判断相比，间接推理判断更为含蓄、委婉。它要求学生对文章的深层内涵进行挖掘，从而对作者的态度、文章主题等进行推测、揣摩。间接推理判断题型中一般不会出现明显表示推理的词（如 infer, conclude)。

6. 识别指代关系

通常情况下，作者会使用同义词或反义词来替代在文章前面部分已经出现的名词、形容词等，或使用代词、名词、助动词、副词等来替代已出现过的名词、动词、时间、地点等。在阅读过程中，学生清楚地识别阅读材料中的指代关系，有助于正确地理解阅读材料。

7. 复述

复述是阅读后的练习活动中常用的一种策略。具体做法是，教师引导学生根据关键字、图片等对阅读材料的大致内容进行复述。需要提及的是，学生只有首先对阅读材料有一个大致的了解，同时也不具有词汇障碍时，复述才能顺利进行。

8. 转述

转述也是一种常用的阅读策略，它主要是针对对话性语篇而言的。具体做法是，教师让学生采用第三人称对所学的内容进行转述，并引导学生将对话转述为描述性语篇。

（三）导入文化背景知识法

在英语阅读学习过程中，经常有这样的情况出现，即学生已经具备了一定的语言知识，也具有一定的阅读能力，但是有时依然难以理解阅读材料，这主要与缺乏相应的文化背景知识有关。由此可见，丰富的文化背景知识对阅读而言十分重要。实际上，要求学生在具备一定语言知识的基础上，还要对目的语国家的社会文化背景知识有所了解。教师应在阅读教学过程中注意向学生传授英语国家的社会文化背景知识，同时还应鼓励学生在课下阅读一些英美文学作品，使学生乐于学习英语国家的文化，接触支撑表层文化的深层文化，同时使学生通过接触不同的语言知识不断提高语言技巧。

此外，学生自己还应有意识地积累文化背景知识，主动了解英语国家的地理、历史、文化传统、风俗习惯等，逐渐培养文化意识，从而更好地理解阅读材料。

第四节　多元文化视角下大学英语阅读教学的转型

一、文化差异与大学英语阅读教学

（一）影响阅读的文化差异

阅读的涉及面非常广泛，因此阅读并不仅仅是一项简单的译码工作，它对阅读者的综合语言技能也提出了很高的要求。通过长期的英语阅读教学实践，教师和教育者们不难发现，学生的阅读活动往往受到诸多因素的影响，而文化差异就是其中比较重要的一个因素。具体而言，学生如果只理解文章的字面意义，他们就只能理解文章的表层含义，若想深化对文章的理解，还必须试图获取阅读材料所蕴含的社会文化意义，如伦理观念、价值观念、思维方式、道德观念等。

1. 词汇文化内涵的差异

语言是文化的载体，而词汇是语言的最小组成单位，因此要想切实提高阅读的质量，就必须对词汇的含义进行准确把握。英汉两种语言都具有丰富的词汇，且英汉词汇之间的含义并不是一一对应的，有些词汇还具有丰富的文化内涵，在这种情况下，如果缺乏相关的文化背景知识，在遇到这些英语文化中特有的事物、历史背景、典故或专门术语等时就很难理解。

2. 句子文化内涵的差异

除受到英汉词汇文化内涵差异的影响之外，阅读活动还受到英汉句子文化内涵差异的干扰。尽管句子由词汇组成，但句子所表达的意义绝对不是其构成词汇的含义的简单堆砌，还常常受到上下文、文化背景的影响。

3. 篇章结构的差异

由于思维方式、价值观念等方面的差异，英汉篇章结构也存在明显的不同，主要体现在以下两个方面。

（1）演绎型与归纳型

斯科隆泰勒和戴维斯等学者认为，北美的语篇模式常在开头就亮明作者的态度和观点，然后再用事实加以验证说明，即演绎型。相比较而言，亚洲的语篇模式往往先阐述具体的事实与理由，然后再逐步引出结论。英语文章倾向于演绎型，观点常在开头位置；汉语文章倾向于归纳型，观点常位于结尾。

（2）作者负责型与读者负责型

在海因兹和斯科隆看来，作者负责型与读者负责型也是英汉语篇的重要区别之一。具体而言，在作者负责型的语篇中，用一个句子将文章要表达的主要观点和中心思想清晰地告知读者是作者的责任；在读者负责型的语篇中，作者可按照自己的写作习惯来进行表述，既可以直截了当，也可以委婉含蓄，而是否能够理解则完全是读者的责任。

（二）大学英语阅读教学中的文化导入原则

为使文化导入达到预定的目标，教师在阅读教学中应遵循以下几项原则。

1. 多样化原则

阅读教学过程中的文化导入应遵循多样化原则，具体体现在以下两个方面。

（1）导入形式的多样化

为使导入的文化信息生动、真实，教师可采取图片、音频、视频等材料来解释、说明某一文化现象，从而强化学生对文化信息的感性认识，理解其文化内涵。此外，教师还可根据具体的需要，灵活采取注释、融入、比较、体验等多种方法导入相关文化知识。

（2）导入内容的多样化

导入内容的多样化主要体现在题材与体裁两个方面。为学生导入不同题材的文化信息可以丰富学生的阅读体验，增加学生的阅读积累，为阅读能力的提升打好基础。选择不同体裁则有利于学生感受语言的表现力，并使学生熟悉各种体裁文章的不同行文特点，从而提高阅读理解的准确性。

2. 关联性原则

文化的范畴非常广泛，因此在对文化信息进行理解时，其深度与广度都有多个层次。根据关联性原则的要求，教师在阅读教学中导入文化信息时，应对文化信息的范围进行划定，即选取那些与材料主题、文章作者、写作背景等相关的文化背景知识。这一方面是由于受到有限课时的影响，另一方面是由于这些信息对学生的阅读理解具有积极的促进作用，有利于学生深化对文章的感受。

需要注意的是，教师应把握好文化信息与阅读材料的关系，并有效控制文化导入在阅读教学中所占的比例，既不能忽视文化信息的导入，又不能让文化信息喧宾夺主，最终将阅读课变成文化课。与此同时，教师还应保证所导入文化信息的相关性、基础性与必要性。

3. 因材施教原则

学生在英语学习方面往往表现出不同的特点，他们的英语水平也参差不齐。在当前以学生为主体的教学理念指导下，英语阅读教学过程中向学生进行文化导入时必须遵循因材施教的原则。换句话说，为满足不同水平、不同目标的学生的特殊需求，教师要选择合适的教学方法，这样才能保证每个学生的阅读技能都得到不同程度的提升。

具体而言，针对阅读能力较强的学生，教师在选择阅读材料时，应倾向于世界名著、期刊等具有一定挑战性的材料，同时安排一些富有挑战性的任务，这可以让学生在增长见识、扩展视野的同时，不断挑战新的阅读难度，从而使自己的阅读水平不断提升。针对阅读能力较弱的学生，教师应为其推荐短小故事、短诗等易于理解的阅读材料，为其安排的问题也应相对简单一些。这样，学生可以通过自己的努力得出正确的答案，从而产生成功的喜悦感，收获学习的乐趣与自信，并以更大的热情投入阅读学习中去。

4. 循序渐进原则

阅读能力的提升不可能一蹴而就，必须通过长期的练习。教师在阅读教学的过程中不能一开始就选择那些较难理解的或具有丰富文化内涵的材料，而应在循序渐进原则的指导下，由简单到复杂、由少到多、由浅入深地逐步推进文化知识的内容。

　　此外，通过阅读材料为学生导入文化背景知识时，应想办法将准备导入的内容与学生的生活联系起来，或者尽量选择那些与学生的生活密切相关的内容，以此来更加有效地激发学生的阅读兴趣和热情。

二、多文化视角下大学英语阅读教学的方法

　　在遵循上述阅读文化导入原则的基础上，教师还应该选用科学、合理的方法，以此来有效提高阅读教学的实际效果。

（一）背景讲解法

　　所谓背景讲解法，是指在阅读教学过程中为学生讲解与文章内容相关的背景知识，使学生感受到英汉文化的差异性与相关性，深化对阅读材料的理解。

（二）策略教学法

　　如前所述，英汉语篇在结构上存在诸多差异。具体而言，汉语篇章中的主题句往往没有固定的表达方式与明显标记，如果跳读、省读则会造成信息的缺失，于是，中国学生无形中形成了细读、精读的习惯，并把这种习惯运用于英语阅读，一定程度上降低了英语阅读的速度与质量。实际上，英语语篇的结构相对固定，逻辑性也较强，只要能把握文章的逻辑主线，即使将一些信息略过，也可以实现满意的阅读效果。因此，教师应向学生讲授一些适用于英语语篇的阅读策略，以帮助学生提升阅读的效率。这里主要介绍跳读和略读策略。

　　1. 跳读

　　跳读是以题目为依托，根据题目提供的线索返回原文寻找答案的一种阅读策略。面对文章后的选择题，当时间紧迫又对答案拿捏不准时，采取跳读技巧有利于对所需信息进行准确定位，这不仅可以全面提升对信息进行加工处理的能力，还可以提高比较与筛选的能力。

　　2. 略读

　　所谓略读，就是有意识地略过一些词语、句子甚至段落的阅读方法。略读可以在较短时间内了解文章的中心思想，因而是一种选择性阅读。正如贝弗里奇所说，正确的略读可使人用很少的时间接触大量的文献，并

挑选出有特别意义的部分。

（三）角色扮演法

在阅读教学中，教师可以紧密结合教学内容来设计相关的情景，并指导学生进行角色扮演。在参与扮演活动的过程中，学生不仅可以提升英语学习的兴趣，还可以深化对文章内容的理解，提高了对文化知识的实际运用能力。

参考文献

[1] 蔡玲 . 大学英语教学实践探索 [M]. 长春：吉林文史出版社，2021.

[2] 曹敏 . 基于产出导向法的初中英语口语教学实施路径 [J]. 文山学院学报，2023，36（4）：111–115.

[3] 丁睿 . 大学英语教学发展研究 [M]. 长春：吉林人民出版社，2019.

[4] 丁煜 . 大学英语教学多维探究 [M]. 武汉：华中科技大学出版社，2021.

[5] 杜静，周飞 . 基于 OBE 理念的大学英语写作教学模式探究 [J]. 湖北文理学院学报，2023，44（10）：84–88.

[6] 冯娟 . 新媒体视野下智慧教学赋能大学英语写作教学路径探索 [J]. 新闻研究导刊，2023，14（16）：167–169.

[7] 高凤琼 . 跨文化背景下大学英语翻译教学策略探讨 [J]. 英语广场，2023（30）：69–72.

[8] 李为 . 谈语篇分析如何在阅读课教学中发挥作用 [J]. 山西青年职业学院学报，2023，36（3）：105–108.

[9] 李晓玲 . 大学英语教学方法研究 [M]. 西安：陕西科学技术出版社，2020.

[10] 刘亚凤 . 新媒体视域下大学英语阅读教学的优化路径探析 [J]. 新闻研究导刊，2023，14（17）：186–188.

[11] 彭慧 . 基于建构主义理论的《大学英语》阅读课程教学研究设计 [J]. 才智，2023（26）：166–169.

[12] 彭奕奕 . 网络信息技术与大学英语教学整合模式研究 [M]. 北京：北京工业大学出版社，2018.

[13] 乔惠娟 . 基于翻转课堂的大学英语阅读教学模式研究 [J]. 运城学院学报，2023，41（5）：96–100.

[14] 全克林 . 网络信息时代大学英语教学研究与实践 [M]. 上海：上海交通大学出版社，2019.

[15] 任贝贝，汪凤 . LOA 生态系统视域下大学英语阅读课堂的设计与实施 [J]. 林区教学，2023（11）：88–91.

[16] 王惠惠 . 翻转课堂在高校英语翻译教学中的运用 [J]. 英语广场，2023（31）：116–119.

[17] 王金铭.跨文化视角下高职英语翻译教学路径探析 [J].大众文艺，2023（21）：126-128.

[18] 王玲玉.语块理论视角下大学英语翻译教学研究 [J].校园英语，2023（37）：34-36.

[19] 王铁华.大学网络英语教学优势及问题 [J].黑龙江工程学院学报，2021，35（3）：77-80.

[20] 王艳萍.基于产出导向法的大学英语写作混合式教学行动研究 [J].锦州医科大学学报（社会科学版），2023，21（4）：71-74.

[21] 魏琴.信息化背景下大学英语教学研究 [M].长春：吉林人民出版社，2020.

[22] 文化对等视角下的大学英语翻译教学 [J].英语广场，2023（28）：99-102.

[23] 吴燕梅.以应用为导向的大学英语口语模块化教学改革研究 [J].湖北开放职业学院学报，2023，36（15）：191-193.

[24] 肖郴.基于大学英语阅读的口语教学改革研究 [J].海外英语，2023（15）：168-170.

[25] 熊晨曦.翻转课堂在大学英语写作教学中的应用探究 [J].成才之路，2023（32）：17-20.

[26] 徐彬.数字化教学资源在大学英语翻译教学中的应用与实践探析 [J].海外英语，2023（17）：152-154.

[27] 许敏.大学英语翻译教学中应用语块教学的策略 [J].吉林省教育学院学报，2023，39（9）：115-119.

[28] 杨玲.基于信息网络下高校英语教学多元化平台初探 [J].中国新通信，2020，22（16）：203.

[29] 姚小娟，惠静蕊.基于支架式及多模态理论的大学英语翻译智慧教学模式实证研究 [J].重庆第二师范学院学报，2023，36（5）：119-126.

[30] 易经.跨文化视角下的大学英语翻译教学方法研究 [J].知识窗（教师版），2023，（8）：66-68.

[31] 雍元元，雷晴岚.大学英语口语教学中跨文化能力培养研究 [J].海外英语，2023，（16）：108-110+119.

[32] 于薇.移动教学法在大学英语写作教学中的应用探讨 [J].品位·经典，2023（19）：136-138.

[33] 余慧君.批评话语分析视角下大学英语阅读教学改革 [J].锦州医科大学学报（社会科学版），2023，21（5）：92-96.

[34] 张鸿翼.基于建构主义的大学英语写作教学模式探究 [J].山西青年，2023（21）：126-128.

[35] 张婧.大学英语多维互动教学模式实验研究 [D].西安：西安外国语大学，2014.

[36] 张龙 . 中华传统文化在大学英语翻译教学中的应用——以茶文化为例 [J]. 福建茶叶，2023，45（11）：123-125.

[37] 张亭亭，王文波 . 核心素养理念下大学英语阅读教学策略 [J]. 西部素质教育，2023，9（19）：82-85.

[38] 张颖 . 多元视角下大学英语教学探索 [M]. 北京：现代出版社，2021.

[39] 郑红霞 . 核心素养视域下大学英语阅读教学实践探究 [J]. 阴山学刊，2023，36（5）：107-112.

[40] 郑瑶 . 信息技术与大学英语阅读教学深度融合实践研究 [J]. 语言与文化研究，2023，30（5）：86-89.

[41] 周雪 . 多元视阈下的大学英语教学研究 [M]. 北京：中国商业出版社，2022.

[42] 周彦涛 . 关于在大学英语翻译教学中提高学生英语应用能力的思考 [J]. 英语广场，2023（31）：104-107.

[43] 邹晶，王金娥，杨妍旻 . 跨文化交际视角下高职大学英语阅读教学策略研究 [J]. 品位·经典，2023（19）：170-172.